디자인 전공생이 궁금해하는

지식재산 Q & A

서경대학교 부설 디자인연구소

이 책은 2019년 대한민국 교육부와 한국연구재단의 지원을 받아 수행된 연구임
(NRF-2019S1A5C2A04081320)

머리말

대한민국은 세계지식재산기구(WIPO)가입 이래 국제 디자인 출원 세계 3-4위 수준을 유지하고 있으며, 2020년도 교육 통계에 의하면 예체능 계열 중 디자인계열 입학자 수는 2,367명으로 어림잡아 매해 1,500~ 2,000여명의 디자인 전공 졸업생이 배출된다고 짐작해볼 수 있습니다. 이와 같이 디자인 강국으로 자리매김하며 수많은 디자이너 지망생들을 배출하고 있는 현재, 세계적으로 활약할 디자이너 양성을 위해 지식재산으로서 디자인에 대한 이해를 제고할 수 있는 교육의 필요성은 더욱 높아지고 있습니다.

서경대학교 부설 디자인연구소는 2019년 한국연구재단 지원과제인 '인문사회연구소 지원사업'에 선정된 이래 디자인 전공 대학생들의 학습윤리를 제고할 수 있는 교육프로그램 및 콘텐츠 개발에 힘써왔습니다. 이 책은 올해 2월 서경대학교 디자인연구소에서 출판한 '디자인 전공생이 알아야 할 디자인 분쟁'에 이어 디자인을 공부하는 학생들이 지식재산으로서 디자인의 개념에 대해 이해하고 학습할 수 있도록 하기 위한 취지에서 기획되었습니다.

첫 번째 챕터인 '디자인과 지식재산'에서는 디자인이 디자인보호법 이외에 저작권법, 상표법 등 다양한 법에 의해 권리를 보호받을 수 있음을 알려주는 내용으로 구성했습니다. 일반적으로 이해하고 있는 '디자인'과 법에서 규정하고 보호하는 대상으로서의 '디자인'이 어떻게 다른지, 디자인의 다양한 요소들이 어떤 법령에 의해 보호받을 수 있는지를 설명했습니다. 이어지는 두 번째 챕터에서는 디자인권 및 저작권의 권리관계, 표절, 저작권 침해 및 보호, 타인의 저작물의 올바른 이용 등 디자인을 학습하는 과정에서 학생들이 한 번쯤 의문을 가져봤을 만한 내용을 Q&A 형식으로 구성했습니다.

앞서 언급한 바와 같이 이 책은 디자인을 학습하는 대학생을 대상으로 하므로 법에 대해 전혀 모르는 상황에서도 디자인과 법과의 관계를 쉽게 이해할 수 있도록 최대한 쉽게 서술하였습니다.

한국연구재단의 지원이 있었기에 이 책이 출판될 수 있었습니다. 가장 먼저 지원해 주신 한국연구재단에 감사의 마음을 표합니다. 이 책이 나오기까지 많은 사람들의 도움이 있었습니다. 코로나로 인해 쉽지 않은 여건에서도 서경대학교 디자인연구소에서 함께 애써준 오지현, 이지현, 시작부터 마무리 단계까지 자료 수집 및 정리를 책임지고 이끌어준 김서현, 김민우 학생, 감수를 맡아주신 김기훈 변리사님에게도 사의를 표합니다.

2021년 6월
저자 일동

목   차

디자인과 지식재산

01 지식재산으로서의 디자인

■ 지식재산의 가치와 디자인

인간의 창조적 활동에 의하여 만들어진 지적 창작물은 지식재산, 말 그대로 재산적 가치를 지닌 것이어서 법률로 보호받고 있으며 이제는 많은 사람이 그 중요성을 인식하고 있다. 지식재산이라는 단어는 더 이상 낯설고 생소한 단어가 아니지만 과거에는 집이나 땅, 귀금속과 같은 유형물만이 중요한 재산이었다. 물론 부동산이나 귀금속은 지금도 중요한 재산에 해당하지만, 현대사회에서는 무형의 지식재산 역시도 큰 경제적 가치를 지닌 것 혹은 더 큰 가치를 지닌 것으로 인식되고 있는 것이다. 지식재산권은 이러한 지식재산에 대하여 부여되는 권리로 권리자는 자신의 지식재산이 갖는 가치를 주장하고 법에 의하여 보호받을 수 있다.

부동산·귀금속   지식재산

많은 사람이 알고 있는 특허가 대표적인 지식재산권이라고 할 수 있는데, 발명에 대한 권리를 부여하는 것이 바로 이 특허다. 고안 또는 소발명이라 하여 수준이 조금 낮은 발명은 실용신안으로서 특허에 준하는 권리를 부여하고 있다. 다양한 상품이나 서비스에 붙어있는 로고는 표장으로서, 영화나 음악과 같은 것은 저작물로서 상표권과 저작권이라는 각각의 권리가 부여된다.

그렇다면 디자인은 어떨까? 디자이너의 창작 활동에 의하여 만들어진 지적 창작물이라는 점에서 당연히 지식재산으로서 보호되고, 디자인에 대해서는 디자인권이라는 권리를 부여하고 있다. 상품 선택의 우선적인 기준이 가격과 성능이었던 시대에서 디자인이 또 하나의 중요한 기준이 되었다는 것을 생각해보면, 디자인의 가치가 얼마나 커졌는지 알 수 있다.

디자인 경쟁 시대에서 애플(Apple)사의 제품을 생각해보자. 과연 아이폰(iPhone)을 모르는 사람이 얼마나 있을까? 애플의 사과 로고가 붙었다는 것, 애플의 제품을 쓴다는 것, 애플의 새로운 제품이 발표된다는 것은 우리에게 어떠한 의미를 가져다주는가? 현대사회에서 디자인 하나가 전 세계에 미칠 수 있는 영향력은 결코 무시할 수 없으며, 우리가 매일 접하는 수많은 것이 바로 누군가에 의하여 디자인된 것이다.

■ 디자인에 대한 보호

디자인의 중요성은 곧 디자인의 보호 문제로 직결되고 지식재산이라는 무형자산의 범주 내에서 법적으로 보호받는 것이 중요하게 되었다. 따라서 디자인 보호를 위하여 의장법이 제정되었고, 2004년 명칭이 변경되면서 지금의 디자인보호법이 시행되고 있다. 다만, 디자인의 범위는 매우 광범위하여 우리가 일반적으로 생각하는 디자인과 디자인보호법에서 보호하는 디자인은 조금 다르다는 점을 알아야 한다.

Design ≠ Design ?

디자인보호법 제2조 제1호는 디자인을 '물품의 형상, 모양, 색채 또는 이들을 결합한 것으로서 시각을 통하여 미감을 일으키게 하는 것'이라고 규정하고 있다. 디자인보호법의 보호대상이 될 수 있는 디자인은 물품성, 형태성, 시각성, 심미성이라는 요건을 갖추고 있어야 한다는 것이다.

물품의 형상 · 모양 · 색채 또는 이들을 결합한 것으로서
물품성   형태성
시각을 통하여 미감을 일으키게 하는 것
시각성   심미성

물품성	디자인보호법상의 디자인은 물품과 분리되어 존재할 수 없는데, 여기서의 물품이란 의자나 책상, 모자, 신발과 같이 독립성이 있는 구체적인 물품으로서 대량생산 및 운반이 가능한 것을 의미함
형태성	형상(Shape)은 물품이 공간을 점유하는 윤곽을 의미하며, 모양(Pattern)은 물품의 외관에 나타난 선이나 색구분, 색흐림을 의미하고, 색채(Color)는 물품에 반사되는 빛에 의하여 인간의 망막을 자극하는 물체의 성질을 의미함
시각성	디자인은 육안으로 파악할 수 있어야 하여, 시각 이외의 감각에 의하여 파악되는 것이나 외부에서 볼 수 없는 것은 시각성이 인정되지 않음
심미성	디자인이 시각을 통하여 아름다움(미감)을 느끼게 하는 것을 의미하는데, 심미감이 있느냐는 고도의 심미성이 아닌 아름다움을 느낄 수 있을 정도라면 인정됨

check! 디자인은 물품과 결합된 형태로서 눈으로 볼 수 있고 아름답다는 느낌이 들어야 한다는 것!

  디자인보호법은 물품의 외관에 해당하는 디자인을 보호한다는 점에서 제품디자인 분야가 주 보호대상이라고 할 수 있다. 다시 말해 물품과 결합된 상태로 표현된 외관 디자인이 디자인보호법에서 말하는 디자인이고, 종이에 그린 그림만을 가지고 디자인 이라 볼 수는 없다는 것이다.

스마트밴드/카드지갑/CCTV용 카메라/블루투스 스피커
(출처:디자인맵)

  종이에 그린 그림이 디자인이 아니라면 포스터나 팸플릿 등에 표현된 시각디자인 은 보호받을 수 없다는 것일까? 그렇다면 보호받을 수 있는 디자인의 범위가 너무 좁은 것은 아닐까? 물론 디자인보호법상의 디자인에 해당하지 않는 경우라도 다른 법률 인 상표법이나 저작권법 등에 의하여 디자인은 보호받을 수 있다. 예를 들어, 패션 물품은 예술적 창작성이 인정되는 응용미술저작물로서 저작권법에 의하여 보호받을 수 있으며, 앞서 언급한 포스터나 팸플릿의 경우에도 저작권법에 의한 보호가 가능하다. 또한, 의류 등에 그려진 로고디자인은 상표법에 의하여 보호받을 수 있고, 경우에 따라 부정경쟁방지법에 의하여서도 보호받을 수 있다.

■ 디자인보호법과 디자인권

디자인보호법은 물품의 외관디자인이 보호될 수 있도록 20년간의 독점배타적인 권리를 부여하므로 그 기간 동안 디자인권자는 자신의 디자인을 독점적으로 실시할 수 있으며 타인의 무단실시를 배제할 수 있다. 다만, 지식재산권 중에서도 산업재산권이라 부르는 특허,실용신안, 상표, 디자인은 특허청에 등록하여야만 권리가 생기기 때문에 20년간의 보호기간은 특허청에 '등록된 디자인'에 한하여 주어지는 것이라는 점을 알아두어야 한다. 20년의 보호기간이 지나면 디자인권은 소멸하여 더 이상은 독점배타적인 권리가 아니며, 누구나 자유롭게 실시할 수 있는 디자인이 된다.

그렇다면 디자인 등록은 어떻게 하는 것일까?

디자인 창작 ▷ 출원 ▷ 심사 ▷ 등록 ▷ 디자인권

위에 그림에서 볼 수 있듯이, 우선 등록받고자 하는 디자인을 특허청에 출원하면 심사를 거친 뒤 등록이 가능하다. 그러나 출원한 모든 디자인이 등록될 수는 없고 그 전에 살펴보아야 할 중요사항들이 있다.

먼저, 디자인보호법은 선출원주의를 따르기 때문에 먼저 출원한 사람이 디자인권을 획득할 수 있다. 전혀 다른 두 디자인이라면 상관이 없지만, 동일한 디자인에 대하여 각각의 디자인권을 부여할 수는 없기 때문이다 따라서 나의 디자인과 같은 디자인이 이미 출원 혹은 등록된 상태라면 나의 디자인은 등록될 수 없다는 것이다.

다음으로는 디자인보호법 제33조에 규정된 등록요건으로 등록받고자 하는 디자인은 공업상 이용가능성, 신규성, 창작비용이성이라는 요건을 갖추어야 한다.

공업상 이용가능성	공업적 기술을 이용하여 반복하여 생산할 수 있는 것을 의미함
신규성	대외적으로 알려지지 않은 새로운 것을 의미함
창작비용이성	통상적인 디자이너가 이미 존재하는 디자인 등으로 부터 쉽게 창작할 수 없다는 것을 의미함

공업상 이용가능성이 없다면 산업발전에 이바지하고자 하는 디자인보호법의 목적에 부합하지 않을 뿐만 아니라, 새롭지도 않고 누구나 쉽게 만들어낼 수 있는 디자인에 대하여 독점배타적인 권리를 부여할 수는 없기 때문이다.

마지막으로는 디자인보호법 제34조에 규정되어 있는 등록받을 수 없는 디자인으로 등록요건을 갖춘 디자인이라도 등록받을 수 없는 디자인이 있다.

다음 중 어느 하나에 해당하는 디자인이라면 등록이 불가능하다.

등록받을 수 없는 디자인

- 국기, 국장(國章), 군기(軍旗), 훈장, 포장, 기장(記章), 그 밖의 공공기관 등의 표장과 외국의 국기, 국장 또는 국제기관 등의 문자나 표지와 동일하거나 유사한 디자인
- 디자인이 주는 의미나 내용 등이 일반인의 통상적인 도덕관념이나 선량한 풍속에 어긋나거나 공공질서를 해칠 우려가 있는 디자인
- 타인의 업무와 관련된 물품과 혼동을 가져올 우려가 있는 디자인
- 물품의 기능을 확보하는 데에 불가결한 형상만으로 된 디자인

위와 같은 디자인을 등록의 예외로 두고 있는 이유는 이러한 디자인의 등록은 공익을 해할 우려가 있기 때문이다.

지금까지의 내용을 정리해보자면, 디자인보호법은 물품의 외관디자인을 보호하는 것으로서 ①물품성, ②형태성, ③시각성, ④심미성을 갖춘 디자인이 디자인보호법상의 디자인에 해당한다. 이러한 디자인보호법은 '선출원주의'와 '등록주의'를 취하고 있어 디자인등록을 하여야만 디자인권이 생기는 것이고, 먼저 출원하여야 권리를 가질수 있다.

디자인을 등록하고자 한다면 ①공업상 이용가능성, ②신규성, ③창작비용이성이라는 요건을 갖추고 있는지를 확인하여야 한다. 아무리 등록요건을 갖춘 디자인이라도 디자인보호법 제34조가 규정하고 있는 등록받을 수 없는 디자인에 해당한다면 등록은 불가능하다. 문제가 없다면 출원한 디자인이 심사단계를 거쳐 등록될 것이고, 디자인보호법에 의하여 등록된 디자인은 20년간 보호받을 수 있다.

02 디자인과 저작권의 관계

■ 저작물로서 디자인의 보호

디자인을 보호하기 위한 디자인보호법이 존재하는데 왜 저작권에 대하여 알아야 할까? 앞에서도 언급하였듯이, 디자인보호법은 물품의 외관디자인을 보호하므로 우리가 생각하는 모든 디자인이 디자인보호법만으로 보호받을 수 있는 것이 아니기 때문이다. 따라서 디자인보호법이 아닌 다른 지식재산권법, 즉 상표법이나 저작권법 등에 대하여서도 알아야 나의 디자인을 지킬 수 있다.

그중에서도 반드시 알아야 할 법이라면 단연 저작권법이라고 할 수 있는데, 일반적으로 디자인이라고 하는 것은 저작권법이 보호하는 저작물에 해당할 확률이 높고, 저작권은 등록이 요구되지 않는다는 점에서 디자이너라면 누구나 자신의 디자인에 대한 권리를 주장할 수 있기 때문이다. 그렇다면 저작권이란 무엇이고 디자인과 어떠한 관련이 있는지 자세히 살펴보자.

■ 저작물과 저작권

다른 법과 마찬가지로 저작권법 역시 저작물의 보호와 이용을 보장하고 있는데, 저작권법 제2조 제1호는 저작물을 "인간의 사상 또는 감정을 표현한 창작물"이라고 규정하고 있다.

check! 인간의 사상이나 감정을 표현한 것이기 때문에 단순한 사실이나 머릿속에 있는 아이디어 자체를 보호하는 것이 아니라 그림이나 음악과 같이 인간에 의하여 외부로 표현된 창작물을 저작물로서 보호하는 것!

저작권법 제4조에서는 표현형식에 따른 저작물의 종류를 아래와 같이 예시하고 있다.

- 소설 · 시 · 논문 · 강연 · 연설 · 각본 그 밖의 어문저작물
- 음악저작물
- 연극 및 무용 · 무언극 그 밖의 연극저작물
- 회화 · 서예 · 조각 · 판화 · 공예 · 응용미술저작물 그 밖의 미술저작물
- 건축물 · 건축을 위한 모형 및 설계도서 그 밖의 건축저작물
- 사진저작물(이와 유사한 방법으로 제작된 것을 포함)
- 영상저작물
- 지도 · 도표 · 설계도 · 약도 · 모형 그 밖의 도형저작물
- 컴퓨터프로그램저작물

이와 같은 저작물의 종류는 말 그대로 예시에 불과하기 때문에 다른 형태로 만들어진 것이라도 저작물이 될 수 있다. 따라서 그 어떠한 디자인이라도 디자이너의 사상이나 감정이 담겨 창작적으로 표현된 것이라면 저작물로서 보호받을 수 있다는 것이다.

check! 지금까지 내가 만든, 혹은 만들고 있거나 앞으로 만들게 될 디자인이 저작물로서 보호받을 수 있는지 한번 생각해볼 것!

그렇다면 저작권은 얼마나 보호받을 수 있을까?

 일반적으로 저작권은 **저작자(창작자)의 사후 70년까지**, 즉 저작자가 생존하는 동안과 사망 후 70년까지 보호받을 수 있으며, 사후 70년이 지나면 해당 저작물은 누구나 자유롭게 이용 가능한 상태가 된다. 다만, 정확하게는 저작재산권의 보호기간이 사후 70년이라는 점을 알아둘 필요가 있다.

 저작권은 크게 저작인격권과 저작재산권으로 구분되는데, 저작재산권은 저작자의 경제적 이익을 보전하여 주기 위한 권리고, 저작인격권은 저작자의 명예와 인격적 이익을 보호하기 위한 권리다.

저작권 = 저작인격권 + 저작재산권

 저작권법은 저작인격권의 보호기간에 관하여 구체적인 기한을 정하여 두고 있지 않지만 **"저작자의 사망 후에 그의 저작물을 이용하는 자는 저작자가 생존하였더라면 그 저작인격권의 침해가 될 행위를 하여서는 아니 된다"**라고 규정하여 저작자의 사망 후에도 저작인격권에 대한 침해가 이루어지지 않도록 하고 있다.

> check! 결국 저작자가 사망하더라도 저작재산권과 저작인격권 모두 보호받는다는 점에서 일반적으로 '저작권의 보호기간은 저작자의 사후 70년까지' 라고 표현하는 것이라 볼 수 있다.

 저작재산권과 저작인격권은 각각의 여러 권리로 이루어져 있어 '저작권 침해'는 침해행위의 형태에 따라 저작재산권이나 저작인격권, 혹은 저작재산권과 저작인격권 모두를 침해하는 것일 수도 있다.

저작재산권	
복제권	저작물을 인쇄·복사·녹음 등의 방법으로 유형물에 고정하거나 유형물로 다시 제작할 권리
공연권	저작물을 상연이나 연주·가창·상영·재생 그 밖의 방법으로 공중에 공개할 권리
공중송신권	저작물을 공중이 수신하거나 접근하게 할 목적으로 무선 또는 유선통신의 방법에 의하여 송신하거나 이용에 제공할 권리
전시권	저작물의 원본이나 복제물을 일반 공중이 관람할 수 있도록 전시할 권리
배포권	저작물의 원작품 혹은 복제물을 대가를 받거나 받지 않고 일반 공중에게 양도 혹은 대여할 권리
대여권	영리를 목적으로 타인에게 저작물을 대여할 권리
2차적저작물작성권	원저작물을 번역·편곡·변형 등의 방법으로 독창적인 저작물로 제작하고 이를 이용할 권리

저작인격권	
공표권	저작물을 일반 공중에게 공표하거나 공표하지 않을 권리
성명표시권	저작물에 자신의 이름(실명, 예명 또는 이명)을 표시하거나 표시하지 않을 권리
동일성유지권	저작물의 내용, 형식, 제호 등이 저작자의 의사와 달리 변경되지 않도록 금지할 수 있는 권리

다만, 침해행위의 형태가 침해의 성립에 영향을 주는 것은 아니기 때문에 저작재산권과 저작인격권 중 어떠한 권리를 침해하여도 저작권 침해는 성립하게 된다.

예를 들어, 다른 사람의 저작물을 무단으로 복제하는 행위는 저작권 침해에 해당하면서 구체적으로는 복제권 침해 혹은 저작재산권 침해라고도 할 수 있다. 자신의 디자인이 저작물에 해당한다면 저작권자로서 어떠한 권리를 주장할 수 있고, 어떻게 보호받을 수 있는지 잘 기억해두자.

참고로 저작권은 저작물을 창작한 순간 발생하기 때문에 창작자가 저작권자가 되는 것이며 여기서 말하는 창작자는 저작자와 같은 의미다.

저작자(창작자) = 저작권자

다만 저작권 중에서 저작자와 분리될 수 없는 저작인격권과 달리 저작재산권은 양도나 상속 등이 가능하기 때문에 저작재산권이 저작자 아닌 다른 사람에게 있을 경우 저작자 외에 다른 저작권자가 존재할 수 있게 된다.

저작자(창작자) ≠ 저작권자

이 경우 저작자는 저작인격권자, 저작재산권을 가진 자는 저작재산권자가 되는 것이며, 저작인격권자와 저작재산권자는 각자 자신이 가진 권리만을 주장할 수 있게 된다.

저작자(창작자) = 저작인격권자

03 디자인과 상표권의 관계

■ 상표로서 디자인의 보호

디자인을 보호하기 위해서는 디자인보호법 외에도 다른 법에 대하여 알아야 한다고 언급하였다. 그렇다면 디자인은 상표법에 의하여 어떻게 보호받을 수 있다는 것일까?

상표법이 보호하는 대상은 당연히 상표일 것인데, 여기서 말하는 상표란 자기의 상품(서비스 포함)과 타인의 상품을 식별하기 위하여 사용하는 표장이고, 표장은 기호, 문자, 도형, 소리, 냄새, 입체적 형상, 홀로그램 · 동작 또는 색채 등으로 그 구성이나 표현방식에 상관없이 상품의 출처를 나타내기 위하여 사용하는 모든 표시를 말한다. 한마디로 상표란 상품(서비스)의 출처를 나타내기 위하여 사용하는 표시라고 할 수 있고, 브랜드 로고를 떠올리면 상표가 무엇인지 이해하기 쉽다. 시각디자인 분야에서 만들어지는 로고디자인이 바로 상표법에 의하여 보호받는 대표적인 대상이다. 그뿐만 아니라 상표법은 입체상표라 하여 어떠한 물품에 입혀진 입체적 형상까지도 보호하기 때문에 이제는 단순히 로고디자인을 넘어 상표의 역할을 할 수 있는 것이라면 그 어떠한 디자인도 상표법으로 보호받을 수 있다.

상표법 역시 상표를 사용하는 자에게 독점배타적인 권리를 부여하고 있으며, 상표권은 10년의 보호기간과 더불어 10년 단위로 연장이 가능하다. 따라서 상표법으로 보호받는 디자인이라면 상표권자의 의사가 있는 한 영구적으로 보호가 가능한 것이다. 다만, 상표법 역시 '선출원주의'와 '등록주의'를 취하고 있기 때문에 먼저 출원한 상표에 대하여 권리를 부여하며, 등록하지 않은 상표에 대해서는 권리를 주장하기가 어렵다. 상표는 구성이나 표현방식에 상관없이 기호, 문자, 도형, 소리, 냄새, 입체적 형상, 홀로그램, 동작 또는 색채 등이 모두 상표가 될 수 있어, 어떠한 디자인이 상표로 보호받는지 여부를 확인할 때에는 디자인 자체보다 상표의 등록요건을 살펴보는 것이 더 중요하다.

check! 원칙적으로는 등록상표만이 법적으로 보호를 받을 수 있지만, 상표법은 등록되지 않은 상표라도 보호하는 몇 가지 예외를 두고 있으며, 등록되지 않은 타인의 상표를 함부로 사용할 경우 부정경쟁방지법(부정경쟁방지 및 영업비밀보호에 관한 법률)에서 금지하는 부정경쟁행위에 해당할 수 있다.

상표 예시 (출처: 키프리스)

상표로 등록하기 위해서는 '식별력'을 갖추어야 하는데, 식별력이란 등록하고자 하는 상표가 자신의 상품(서비스)과 타인의 상품(서비스)을 구별할 수 있도록 해주는 것을 의미한다. 만약 어떠한 로고에 식별력이 없다면, 수요자는 누구의 상품 또는 서비스인지 인식할 수 없어 그러한 로고는 상표로서의 기능을 하지 못하는 것이고 상표권을 부여할 이유가 없는 것이다. 이러한 식별력의 판단에 있어 상표법 제33조는 다음에 해당하지 않을 경우에는 식별력이 있는 것으로서 등록이 가능하다고 규정하고 있다.

- 그 상품의 보통명칭을 보통으로 사용하는 방법으로 표시한 표장만으로 된 상표
- 그 상품에 대하여 관용하는 상표
- 그 상품의 산지 · 품질 · 원재료 · 효능 · 용도 · 수량 · 형상 · 가격 · 생산방법 · 가공방법 · 사용방법 또는 시기를 보통으로 사용하는 방법으로 표시한 표장만으로 된 상표
- 현저한 지리적 명칭이나 그 약어 또는 지도만으로 된 상표
- 흔히 있는 성(姓) 또는 명칭을 보통으로 사용하는 방법으로 표시한 표장만으로 된 상표
- 간단하고 흔히 있는 표장만으로 된 상표
- 이외에 수요자가 누구의 업무에 관련된 상품을 표시하는 것인가를 식별할 수 없는 상표

그러나 식별력과는 별개로 상표의 이용형태나 목적 등에 비추어 상표등록이 불가한 경우가 있는데, 상표법 제34조는 이러한 등록받을 수 없는 상표를 규정하고 있다.

- 국가·인종·민족·공공단체·종교 또는 저명한 고인(故人)과의 관계를 거짓으로 표시 하거나 이들을 비방 또는 모욕하거나 이들에 대한 평판을 나쁘게 할 우려가 있는 상표
- 상표 그 자체 또는 상표가 상품에 사용되는 경우 수요자에게 주는 의미와 내용 등이 일반인 의 통상적인 도덕관념인 선량한 풍속에 어긋나는 등 공공의 질서를 해칠 우려가 있는 상표
- 수요자들에게 현저하게 인식되어 있는 타인의 상품이나 영업과 혼동을 일으키게 하거나 그 식별력 또는 명성을 손상시킬 염려가 있는 상표
- 상품의 품질을 오인하게 하거나 수요자를 기만할 염려가 있는 상표
- 국내 또는 외국의 수요자들에게 특정인의 상품을 표시하는 것이라고 인식되어 있는 상표 와 동일·유사한 상표로서 부당한 이익을 얻으려 하거나 그 특정인에게 손해를 입히려고 하는 등 부정한 목적으로 사용하는 상표 등

디자인보호법상 등록받을 수 없는 경우와 마찬가지로 공익적인 차원에서 식별력이 있 더라도 등록을 받을 수 없도록 하는 것이다.

지식재산 Q&A

Q1

지식재산으로서 디자인이란 무엇인가요?
명확한 기준과 범위가 정해져 있나요?

A.

물품과 결합된 형태로서 눈으로 볼 수 있고
아름다움을 느낄 수 있는 것을 말합니다

디자인 분야는 시각디자인, 환경디자인, 패션디자인 등으로 매우 다양하고 디자인의 정의 역시 다양할 수 있지만, 일반적으로는 사용 목적에 따라 조형 작품이나 제품의 형태·색상 등을 도안하는 것을 말합니다.

누군가의 지적 창작물이라는 점에서 이러한 디자인을 모두 지식재산이라고 부를 수 있지만, 디자인 보호를 목적으로 하는 디자인보호법상의 디자인은 '산업 발전에 이바지 한다'는 산업재산권으로서의 취지에 맞게 '물품의 형상·모양·색채 또는 이들을 결합한 것으로서 시각을 통하여 미감을 일으키게 하는 것'이라 정의됩니다. 이러한 디자인의 범위에는 물품의 부분과 글자체도 포함됩니다. 따라서 디자인보호법에 의하여 보호받기 위해서는 물품의 형상·모양·색채 또는 이들을 결합한 것으로서 시각을 통하여 미감을 일으키는 디자인, 즉 물품성·형태성·시각성·심미성이라는 네 가지 요소를 갖춘 디자인이어야 하는데, 산업적 필요성에 따라 물품성에 대한 예외로서 인정되는 것으로 물품의 부분과 글자체가 있습니다.

쉽게 말하여 독립적인 거래 대상이 될 수 있는 구체적인 형태의 유체 동산으로서의 물품과 결합된 형태로서 눈으로 볼 수 있고 아름다움을 느낄 수 있어야 한다는 것입니다.

종이에 그린 그림 (출처:프리픽)　　　　　　　디자인 적용된 모자 (출처:디자인맵)

여기서 무엇보다 중요한 것은 바로 '물품과 결합된 형태'라는 것으로 종이나 포토샵에 그려놓은 디자인 그 자체만으로는 디자인으로 인정되지 않고, 컵이나 가방과 같은 물품에 표현된 디자인만이 디자인보호법상의 디자인에 해당한다는 점을 명심하여야 합니다.

Q1-1

어떤 종류의 디자인이 디자인보호법에 의하여 보호받을 수 있나요?

A.

등록된 제품디자인이 주 보호대상입니다.

디자인보호법으로 보호받기 위해서는 디자인보호법에서 정의하고 있는 디자인, 즉 물품성·형태성·시각성·심미성이라는 네 가지 요소를 갖춘 디자인에 해당하여야 합니다. 여기서 물품성이라는 요소는 디자인이 물품과 결합되어야 한다는 것을 의미하는데, 일반적으로는 제품디자인이 디자인보호법상의 주된 보호대상이라고 볼 수 있습니다. 물론 제품디자인이 아니라도 패션디자인 분야에서의 모자나 신발과 같이 물품과 결합된 디자인이라면 보호받을 수 있습니다.

다음으로 중요한 것은 보호받고자 하는 디자인이 등록되어야 한다는 것입니다. 산업재산권에 해당하는 디자인권은 디자인을 등록하여야만 권리가 발생하므로 반드시 디자인등록이 선행되어야 합니다. 다만, 모든 디자인이 등록될 수 있는 것은 아니므로 등록요건과 부등록사유(등록받을 수 없는 디자인)를 확인하여야 합니다.

디자인 등록요건	
공업상 이용가능성	공업적 기술을 이용하여 동일물을 반복하여 생산할 수 있을 것
신규성	디자인의 내용이 대외적으로 알려지지 않은 것
창작비용이성	종래의 디자인 등으로부터 쉽게 창작할 수 없을 것

예를 들어, 풀잎을 뜯어 만든 일시적 디자인(**공업상 이용가능성X**) 이라거나 유튜브와 같은 SNS를 통하여 출원 전 공개된 디자인(**신규성X**), 기존의 디자인에서 사소한 변형으로 만들어진 디자인(**창작비용이성X**) 이라면 등록요건을 갖추지 못한 것이라 볼 수 있습니다.

다음으로 디자인 등록요건을 갖추었더라도 디자인보호법 제34조는 등록받을 수 없는 디자인을 규정하고 있는데, 다음과 같은 디자인에 독점권을 부여하는 것은 공익에 반하는 결과를 초래할 수 있기 때문입니다.

등록받을 수 없는 디자인

- 국기, 국장(國章), 군기(軍旗), 훈장, 포장, 기장(記章), 그 밖의 공공기관 등의 표장과 외국의 국기, 국장 또는 국제기관 등의 문자나 표지와 동일하거나 유사한 디자인
- 디자인이 주는 의미나 내용 등이 일반인의 통상적인 도덕관념이나 선량한 풍속에 어긋나거나 공공질서를 해칠 우려가 있는 디자인
- 타인의 업무와 관련된 물품과 혼동을 가져올 우려가 있는 디자인
- 물품의 기능을 확보하는 데에 불가결한 형상만으로 된 디자인

물품의 기능을 확보하는 데에 불가결한 형상만으로 된 디자인이라는 것은 미적 요소가 아닌 기능적 요소로서 존재하는 디자인을 의미하는 것으로 '파라볼라 안테나'가 대표적입니다.

파라볼라 안테나 (출처: 위키피디아)

이러한 형상을 디자인권으로 보호하게 된다면 '디자인'이 아닌 '기능'에 대한 독점권을 부여하게 되기 때문에 '기능적 형상만으로 된 디자인'이라면 등록이 불가한 것입니다.

Q1-2

디자인보호법에 의하여 보호받을 수 없는 디자인은 법적으로 보호받을 수 없는 건가요?

A.

다른 법률로 보호가 가능합니다.

디자인보호법의 보호대상은 주로 제품디자인이라 할 수 있지만, 우리가 흔히 디자인이라고 하는 다양한 분야의 디자인은 다른 법률로서 보호받을 수 있습니다.

우선 저작권법은 저작물을 '인간의 사상 또는 감정을 표현한 창작물'이라 정의하면서 영상저작물, 건축저작물, 사진저작물, 미술저작물 등을 저작물의 예시로 들고 있습니다. 따라서 건축디자인이나 시각디자인 등 독창적으로 표현된 것이라면, 어떠한 디자인도 내용과 형식 등에 상관없이 저작물로서 보호받을 수 있습니다.

다음으로 상표법은 상품이나 서비스의 출처를 나타내기 위하여 사용된 표시를 보호하는 법이라 할 수 있는데, 우리가 자주 접하는 로고디자인이 이러한 상표법에 의하여 보호받을 수 있습니다. 상표법도 디자인보호법과 마찬가지로 '등록주의'를 취하고 있어 원칙적으로는 등록된 상표를 법적으로 보호하지만, 주지·저명상표와 같이 등록되지 않은 경우라도 보호하는 예외규정을 두고 있습니다.

주지상표	그 상표가 사용되는 분야에서 일반 소비자에게 널리 알려진 상표
저명상표	상품이나 서비스의 분류를 망라하여 전 업종에서 널리 알려진 상표

이 외에도 부정경쟁방지법(부정경쟁방지 및 영업비밀의 보호에 관한 법률)은 상품의 형태 외에도 상표나 상호, 서비스 제공방법, 실내장식 등까지 보호하여 디자인보호법이나 저작권법, 상표법이 보호하지 못하는 디자인을 보호할 수 있습니다.

부정경쟁방지법 제2조(정의)

1. "**부정경쟁행위**"란 다음 각 목의 어느 하나에 해당하는 행위를 말한다.

가. **국내에 널리 인식된 타인의 성명, 상호, 상표, 상품의 용기·포장, 그 밖에 타인의 상품임을 표시한 표지(標識)와 동일하거나 유사한 것을** 사용하거나 이러한 것을 사용한 상품을 판매·반포(頒布) 또는 수입·수출하여 타인의 상품과 혼동하게 하는 행위

나. **국내에 널리 인식된 타인의 성명, 상호, 표장(標章), 그 밖에 타인의 영업임을 표시하는 표지(상품 판매·서비스 제공방법 또는 간판·외관·실내장식 등 영업제공 장소의 전체적인 외관을 포함한다)와 동일하**거나 유사한 것을 사용하여 타인의 영업상의 시설 또는 활동과 혼동하게 하는 행위

자. **타인이 제작한 상품의 형태**(형상·모양·색채·광택 또는 이들을 결합한 것을 말하며, 시제품 또는 상품소개서상의 형태를 포함한다. 이하 같다)**를** 모방한 상품을 양도·대여 또는 이를 위한 전시를 하거나 수입·수출하는 행위

카. **그 밖에 타인의 상당한 투자나 노력으로 만들어진 성과 등을** 공정한 상거래 관행이나 경쟁질서에 반하는 방법으로 자신의 영업을 위하여 무단으로 사용함으로써 타인의 경제적 이익을 침해하는 행위

Q2

오마주, 샘플링, 패러디란 무엇인가요?

A.

저작물의 각기 다른 이용형태라 볼 수 있습니다.

저작물의 이용과 창작 과정에서 어떠한 목적을 가지고 어떻게 이용하였느냐에 따라 '오마주', '샘플링', '패러디'를 정의할 수 있습니다.

'오마주(Homage)'는 영화 분야에서 자주 접하는 용어로 작가나 작품에 대한 존경을 담아 특정 작품의 일부를 사용하는 것을 의미하며, 단순히 유사한 작품을 만드는 것이 아니라 존경하는 작품을 모티브로 창작하는 경우를 포함합니다.

2011년에 상영된 국내 영화 써니(좌)와 1980년에 개봉한 프랑스 작품인 라붐(우)의 명장면
(출처: 중대신문)

　오마주에 대한 명확한 판단기준은 없지만, 원저작물의 일부를 복제하여 그대로 쓰는 것이 아니라 유사한 표현을 통하여 경의를 표하는 것으로 원작자로부터 별도의 이용허락을 구하지 않는 것이 일반적인 것이 관행입니다. 그러나 사용 방식에 따라 저작재산권 중 복제권이나 2차적저작물작성권, 저작인격권 중 동일성유지권, 성명표시권의 침해에 해당할 수 있기 때문에 주의를 요합니다.

check! 다만, 향후 표절 논란이 벌어지거나 저작권 침해가 문제 될 수 있다는 점에서 오마주라는 점을 명확히 밝히는 것이 바람직합니다.

　'샘플링(Sampling)'은 주로 음악 분야에서 사용하는 용어로 기존의 음악이나 소리 일부를 추출하여 새로운 작곡·편곡에 이용하는 것을 의미합니다.

송민호, 트로트 '소양강 처녀' 샘플링 타이틀곡 '아낙네' (출처:YG엔터테인먼트)

check! 저작권자의 샘플링 이용허락을 의미하는 '샘플 클리어런스(Sample clearance)'가 이루어지지 않은 무단 샘플링은 저작권 침해에 해당합니다.

　샘플링의 경우, 다른 사람의 저작물 일부를 그대로 가져다 쓰는 것이기 때문에 반드시 이용허락을 구하여야 하고, 필요할 경우 저작권 사용료를 지불하여야 합니다. 샘플 클리어런스가 이루어진 경우라도 허용된 범위를 넘어선 샘플링이라면 저작권 침해에 해당할 수 있습니다.

'패러디(Parody)'는 원작이나 사회문제에 대한 비판이나 풍자의 목적을 가지고 기존의 저작물을 흉내 내거나 과장하는 등의 방법으로 이용하는 것을 의미합니다.

에픽하이 '현재상영중' 포스터 (출처:YG엔터테인먼트)

패러디는 저작권법 제35조의5에 규정된 '공정이용'으로 해석되기도 하지만, 다음과 같은 요건이 고려되어야 합니다.

1. 저작물 이용의 목적 및 성격

2. 저작물의 종류 및 용도

3. 이용된 부분이 저작물 전체에서 차지하는 비중과 그 중요성

4. 저작물의 이용이 그 저작물의 현재 시장 또는 가치나 잠재적인 시장 또는 가치에
   미치는 영향

check! 예를 들어, 단순한 비방의 목적을 가졌다거나, 저작물의 대부분을 그대로 가져다 쓰고 상업적으로 이용하는 경우와 같이 저작권법상의 공정이용으로 해석할 여지가 없다면, 패러디가 아닌 저작권 침해에 해당할 수 있습니다.

유사한 개념으로 '리메이크'와 '레퍼런스'가 있는데, 리메이크(Remake)란 원작의 틀은 유지한 채 다시 새롭게 만들어 내는 것을 의미하고, 레퍼런스(Reference)는 창작 과정에서 다른 저작물을 참고로 이용하는 것을 의미합니다.

알라딘 리메이크 (출처:Disney)

레퍼런스 (출처:ditoday)

check! 리메이크 역시 원작자로부터 이용허락을 구하지 않을 경우 표절이나 저작권 침해가 문제 될 수 있습니다.

check! 레퍼런스의 경우 단순히 참고한다는 점에서 이용허락이 필요 없고 참고하는 행위 자체는 문제가 되지 않지만, 참고로 한 저작물과 그 저작물을 참고로 하여 만든 저작물이 유사하다면 표절이나 저작권 침해가 문제될 수 있습니다.

Q2-1

어떻게 해야 합법적으로 리디자인이 가능한가요?

A.

저작물이라면 저작권자의 이용허락이 필요하고, 디자인보호법상의 디자인이라면 디자인에 대한 권리가 있어야 합니다.

인스타그램 리디자인 (출처 Instagram)

'리디자인(Re-design)'은 용어의 사용에 따라 다양하게 정의되기도 하지만, 기존의 디자인을 수정·개량하여 새롭게 만드는 것을 의미합니다. 저작권법상 기존의 디자인을 이용하여 새로운 디자인을 만들어내는 것이라면, 2차적 저작물을 만들어내는 것으로 원작자로부터 2차적 저작물 작성에 대한 이용허락을 구하여야 합니다.

> check! 2차적 저작물을 만들 수 있는 권리인 '2차적저작물작성권'은 저작권자에게 있으므로, 자신의 디자인을 리디자인하는 것이라면 이용허락은 필요하지 않습니다.

이용허락을 구하지 않는다면, 기존 디자인을 더 좋게 바꾸기 위한 목적이라도 2차적 저작물작성권을 침해하는 행위가 됩니다. 또한, 2차적 저작물은 원저작물과는 다른 독창성이 인정되어야 하므로 사소한 변경에 그치는 수준이라면 2차적 저작물로 인정받을 수 없습니다. 만약 저작물이 아닌 디자인보호법상 등록된 디자인이라면, 리디자인은 '관련디자인'이라고 볼 수 있습니다.

> **check!** 관련디자인제도란 디자인권자 또는 디자인등록출원인이 자기의 등록디자인 또는 출원한 디자인과 유사한 디자인을 관련디자인으로 등록할 수 있는 제도입니다.

> **check!** 관련디자인은 기본디자인과만 유사하여야 하고, 기본디자인의 출원일로부터 1년 이내에 관련디자인으로 출원하여야합니다.

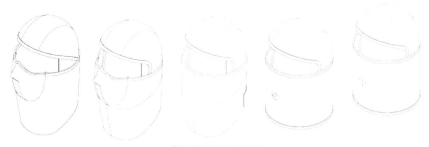

관련디자인 예시 (출처: 키프리스)

그러나, 관련디자인은 유사디자인을 만들어낸다는 점에서 리디자인이라 볼 수 있지만, 누구나 관련디자인으로 등록할 수 있는 것은 아니라는 점에서 2차적 저작물과는 다릅니다.예를 들어, 디자인 등록된 A의 제품을 B가 리디자인하였을 때, B는 자신의 디자인을 관련디자인으로 등록하여 보호받을 수 없습니다.

> **check!** 리디자인한 디자인이 기본디자인과는 전혀 다른 디자인에 해당한다면, 관련디자인이 아닌 새로운 디자인으로 등록되어 보호받을 수 있습니다.

Q3

표절이란 무엇이고, 저작권 침해와는 어떻게 다른가요?

A.
저작권 침해행위와 유사하지만, 법률상의 개념이 아닌 윤리규범이라고 할 수 있습니다.

표절은 법률상의 개념이 아니라서 저작권법에 명시되어있지 않고, 주로 예술 분야에서 부정행위에 사용되는 용어입니다.

표절 논란이 있었던 Hey Studio의 'Rebuild Japan' 2011(좌) 과 제22회 전주국제영화제 공식 포스터(우)
(출처:Hey Studio, 전주국제영화제 조직위)

일반적으로는 창작과 관련하여 타인의 성과물 전부나 일부를 그대로 또는 약간의 변경을 가하여 자신의 것처럼 제시하는 행위를 의미하는데, '자기표절'이나 '역표절'도 표절의 유형으로 볼 수 있습니다.

자기표절	저작자가 이전에 창작한 자신의 저작물을 이후에도 새로운 창작물인 것처럼 이용하는 것
역표절	실제 저자가 자신의 창작물에 대한 신뢰도를 높이기 위하여 관련 없는 유명인 내지 권위 있는 자의 창작물인 것처럼 제시하는 것

흔히 표절과 저작권 침해가 혼용되지만, 표절은 저작권 침해와 동일한 개념이 아니라 저작권 침해의 한 유형으로 볼 수 있어, 표절이자 저작권 침해에 해당할 수도 있고 저작권 침해는 아니지만 표절에는 해당할 수 있습니다. 예를 들어, 저작권이 만료된 작품을 표절하여 자신의 작품인 것처럼 발표하면 저작권 침해는 성립하지 않지만 표절에는 해당하게 됩니다. 또한, 자기표절과 같이 기존에 발표했던 자신의 저작물을 새롭게 창작한 저작물인 것처럼 다시 발표하는 경우 역시 저작권 침해는 성립하지 않더라도 표절에는 해당합니다.

이처럼 표절은 저작권 침해와는 다른 개념이며 일종의 윤리규범으로 저작권 침해에 해당하는 표절은 법적인 처벌이 따르고, 저작권 침해에 해당하지 않는 표절은 도덕적 비난이 따르게 됩니다.

Q3-1

어떤 부분을 따라 하였을 때 저작권 침해가 되나요?

A.

저작권 침해의 판단기준은
실질적 유사성과 의거성에 의하여 이루어집니다.

대표적으로 음악에서 가장 중요한 프레이즈(Phrase)를 베낀 경우처럼 저작물에서 차지하는 중요도가 높은 부분을 따라 한다면 저작권 침해가 인정될 가능성이 높습니다. 그러나 일률적으로 저작물의 어떤 부분을 베꼈을 때 저작권 침해가 성립한다고 말하기는 어렵습니다. 저작물마다 중요한 부분이 다르고 비중도 다르기 때문입니다.

check! 저작물의 일부가 비슷하지만 저작권 침해가 인정될 수 있고, 많은 부분이 비슷하여도 저작권 침해가 인정되지 않을 수 있습니다.

일반적으로 저작권 분쟁과정에서 저작권 침해의 판단은 '실질적 유사성'과 '의거성'이라는 기준에 따르게 됩니다.

저작권 침해 판단 기준 = 실질적 유사성 + 의거성

실질적 유사성은 문제가 된 두 저작물이 얼마나 비슷한지를 따져보는 것이고, 의거성은 기존 저작물에 근거하여 만든 것인지를 따져보는 것입니다.

실질적 유사성이나 의거성이 인정되지 않는다면 저작권 침해는 성립하지 않는데, 의거관계가 명확하지 않더라도 실질적 유사성과 접근가능성이 인정될 경우에는 의거성이 있는 것으로 판단합니다. 즉, 기존의 저작물을 직접 보고 따라 한 것이 불명확하더라도 그 저작물에 접근할 수 있었고 유사한 저작물이 만들어졌다면 의거하여 작성한 것으로 보는 것입니다.

Q3-2

표절하지 않았음에도 나와 비슷한 작품이 있다면 문제가 되나요?

A.

우연의 일치라면 문제가 되지 않습니다.

내가 만든 저작물이 타인의 저작물과 우연히 비슷한 경우가 발생하는 경우를 종종 볼 수 있습니다. 상표나 디자인의 경우에는 등록절차를 통하여 상표권과 디자인권을 획득할 수 있고, 이 과정에서 선출원주의가 적용되어 동일·유사한 상표나 디자인이 출원될 경우에는 하나의 상표와 하나의 디자인만이 등록받을 수 있습니다.

이와 달리 저작권의 경우는 별도의 형식이나 절차를 요구하지 않아 저작물의 창작 당시 저작권이 발생하여, 우연의 일치로 동일·유사한 저작물이 만들어진다면 각각의 저작권을 인정하고 있습니다. 완전히 동일한 저작물이 만들어진다는 것은 흔히 있는 경우가 아니지만, 유사한 저작물이 존재할 수는 있을 것입니다. 그렇기 때문에 단순히 유사하다고만 하여 저작권 침해가 인정되는 것이 아니라 [Q3-1]에서 본 것처럼 의거성도 함께 요구되는 것입니다.

Q3-3

일부분만 이용했을 경우에도 저작권 침해가 되는 건가요?

A.

저작권법상 허용되는 경우가 있습니다.

기본적으로 저작권자로부터 사전 이용허락을 구하고 저작물을 이용하는 것이 맞지만, 단순히 다른 사람의 저작물 일부를 이용한다고 하여서 모두 저작권 침해가 되는 것은 아닙니다. 저작권법은 별도의 이용허락 없이도 타인의 저작물을 이용할 수 있는 경우를 규정하고 있는데, '사적 복제'나 '공정이용' 등이 이에 해당합니다. 이러한 규정은 저작권자의 재산권을 일부분 제한하여 공익 실현과 문화산업 발전을 이루고자 하는데 목적이 있습니다.

<저작권법에 따른 저작재산권의 제한>

재판 등에서의 복제, 학교교육 목적 등에의 이용, 공표된 저작물의 인용, 비영리목적의 공연·방송, 사적이용을 위한 복제, 시험문제를 위한 복제, 부수적 복제 …

저작권법 제23조부터 제38조까지 참고

다만, 저작권법이 정한 이용범위를 넘는다면 저작권 침해가 될 수 있으며, 출처표시를 하지 않을 때에는 출처표시의무 위반으로 처벌받을 수 있습니다.

check! 저작권법 제37조는 저작재산권의 제한에 따른 이용이라도 대부분의 경우 이용자 출처표시의 의무가 있음을 명시하고 있습니다

예를 들어, 다른 사람의 저작물을 인용하는 과정에서 일부가 아닌 거의 전부를 가져다 쓴다거나, 저작물의 일부를 인용하였더라도 출처표시를 하지 않는 경우

저작권법 제28조(공표된 저작물의 인용)

공표된 저작물은 보도·비평·교육·연구 등을 위하여는 정당한 범위 안에서 공정한 관행에 합치되게 이를 인용할 수 있다.

혹은 개인적으로 소장하기 위하여 복제한 사진을 SNS를 통해 불특정 다수에게 유상으로 판매하는 경우

저작권법 제30조(사적이용을 위한 복제)

공표된 저작물을 영리를 목적으로 하지 아니하고 개인적으로 이용하거나 가정 및 이에 준하는 한정된 범위 안에서 이용하는 경우에는 그 이용자는 이를 복제할 수 있다 …

위와 같은 경우라면 저작권이 허용하는 범위를 넘어선 것으로서 문제가 됩니다.

Q4

다양한 레퍼런스에서 아이디어를 얻어 직접 디자인한 것은 저작권에 위반되는 행위인가요?

A.
아이디어 그 자체는 저작권의 보호대상이 아닙니다.

저작권의 보호대상은 인간의 사상 또는 감정을 문자나 소리 등을 통하여 창작적으로 외부에 표현한 것이지, 포함된 아이디어 그 자체가 아닙니다. 예를 들어, 어떠한 과학적 이론이나 기술적 아이디어를 담은 보고서를 작성하였다면, 해당 이론이나 아이디어를 표현한 보고서를 저작물로써 보호하는 것입니다. 만약 이러한 보고서를 무단으로 복제하였다면 복제권을 침해한 행위로서 저작권 침해에 해당하지만, 해당 이론을 실질적 유사성이 없는 새로운 저작물을 만들어 내는 것은 저작권 침해에 해당하지 않습니다.

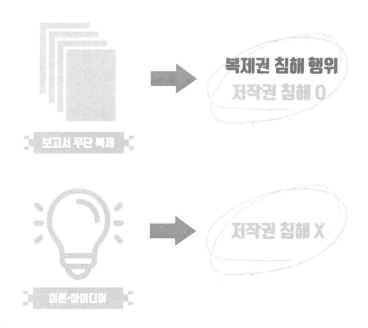

check! 아이디어 그 자체는 저작권법으로 보호받을 수 없지만, 특허법이나 부정경쟁방지법을 통하여 보호받는 경우가 있습니다.

따라서 레퍼런스로서 활용하고 그 과정에서 '아이디어를 얻는다는 것' 그 자체는 문제가 되지 않습니다.

check! 아이디어를 얻는 것은 문제 되지 않지만, 그 아이디어를 표현한 디자인이 레퍼런스로 참고한 디자인과 유사하다면 저작권 분쟁이 발생할 수 있습니다.

Q4-1

레퍼런스를 본인 작품에 어느 정도 적용하여도 되는지에 대한 가이드라인이 있나요?

A.

별도의 가이드라인은 없습니다.

레퍼런스를 자신의 작품에 적용한다는 것을 일반화하여 판단하기에는 어려움이 있을 뿐만 아니라, 레퍼런스 활용 방법에 대한 가이드라인은 없습니다. '자신의 작품에 적용'한다는 것이 단순히 아이디어로서 활용하는 것을 의미한다면, [Q4]에서 설명한 바와 같이 크게 문제 될 여지가 없습니다. 그러나 레퍼런스의 일부를 차용하는 것을 의미한다면, 타인의 저작물을 이용하는 것이기 때문에 저작권자로부터 이용허락을 구하거나 저작재산권의 제한에 따른 이용에 해당하는지 살펴보아야 합니다.

check! 저작재산권의 제한에 관한 내용은 [Q&A 3-3] 참고

Q5

몬드리안의 작품처럼 유명한 작가의 디자인을 과제에 사용하는 것은 표절에 해당하나요?

A.
과제에 사용할 수는 있으나 출처를 표시하여야 합니다.

몬드리안의 작품은 저작권이 만료되어 자유롭게 이용할 수 있는 저작물에 해당합니다. 그러나 저작권의 존속 여부와 관계없이 유명한 작품이라고 하더라도 함부로 이용할 경우에는 저작권 침해나 표절 문제가 발생할 수 있습니다.

> **check!** 몬드리안의 작품처럼 저작권이 만료된 경우 저작권 침해는 아니더라도 표절은 성립할 수 있습니다.

> **check!** 표절에 관한 내용은 [Q&A 3] 참고

다만, 교내 수업용 과제 제출을 위하여 다른 사람의 디자인을 이용하는 경우, 저작권법 제25조 제5항에 따라 복제나 공중송신이 가능합니다.

> **check!** '공중송신'은 저작물 등을 공중이 수신하거나 접근하게 할 목적으로 무선 또는 유선통신의 방법에 의하여 송신하거나 이용에 제공하는 것을 말합니다.

저작권법 제25조(학교교육 목적 등에의 이용)

③다음 각 호의 어느 하나에 해당하는 학교 또는 교육기관이 수업 목적으로 이용하는 경우에는 공표된 저작물의 일부분을 복제·배포·공연·전시 또는 공중송신할 수 있다. 다만, 공표된 저작물의 성질이나 그 이용의 목적 및 형태 등에 비추어 해당 저작물의 전부를 복제 등을 하는 것이 부득이한 경우에는 전부 복제 등을 할 수 있다.

1. 특별법에 따라 설립된 학교
2. 「유아교육법」, 「초·중등교육법」 또는 **「고등교육법」에 따른 학교**
3. 국가나 지방자치단체가 운영하는 교육기관

⑤제3항 각 호의 학교 또는 교육기관에서 교육을 받는 자는 수업 목적상 필요하다고 인정되는 경우에는 제3항의 범위 내에서 공표된 저작물을 복제하거나 공중송신할 수 있다

위와 같은 경우, 저작물의 이용자는 저작권법 제37조에 따라 출처를 표시하여야 하며, 그렇지 않을 경우 출처표시의무 위반으로 처벌받을 수 있습니다.

저작권법 제37조(출처의 명시)

①이 관에 따라 **저작물을 이용하는 자는 그 출처를 명시하여야 한다.** 다만, 제26조, 제29조부터 제32조까지, 제34조 및 제35조의2부터 제35조의4까지의 경우에는 그러하지 아니하다.

②출처의 명시는 저작물의 이용 상황에 따라 합리적이라고 인정되는 방법으로 하여야 하며, 저작자의 실명 또는 이명이 표시된 저작물인 경우에는 그 실명 또는 이명을 명시하여야 한다.

`check!` 출처표시 의무를 위반할 경우에는 500만 원 이하의 벌금형에 처할 수 있습니다.

그리고 출처표시를 하지 않는 것은 자신이 창작한 디자인으로 과제를 제출하는 것이나 다름없기 때문에 표절 의혹도 제기될 수 있습니다.

Q6

오래된 작품을 사용하는 것은 괜찮나요?

A.

저작자 사후 70년이 지났다면,
자유롭게 이용이 가능합니다.

일반적으로 저작권은 저작자(창작자)가 사망한 후 70년까지 보호받을 수 있고, 사후 70년이 지나면 저작권이 만료되어 누구나 자유롭게 이용할 수 있습니다.

저작권법 제39조(보호기간의 원칙)

①저작재산권은 이 관에 특별한 규정이 있는 경우를 제외하고는 저작자가 생존하는 동안과 사망한 후 70년간 존속한다.

정확하게는 '저작재산권'의 보호기간이 저작자 사후 70년까지인 것이기 때문에 자유로운 이용은 저작재산권의 이용에 한정된 것입니다.

check! 저작권은 크게 저작인격권과 저작재산권으로 이루어져 있는데, 저작재산권은 저작자의 경제적 이익을 보전하기 위한 권리고, 저작인격권은 저작자의 명예와 인격적 이익을 보호하기 위한 권리입니다.

저작권법은, 저작자가 사망하였더라도 저작인격권의 침해가 이루어지지 않도록 규정하고 있습니다.

저작권법 제14조(저작인격권의 일신전속성)

②저작자의 사망 후에 그의 저작물을 이용하는 자는 저작자가 생존하였더라면 그 저작인격권의 침해가 될 행위를 하여서는 아니 된다. 다만, 그 행위의 성질 및 정도에 비추어 사회통념상 그 저작자의 명예를 훼손하는 것이 아니라고 인정되는 경우에는 그러하지 아니하다.

다시 말하여, 저작권이 만료된 저작물이라면 저작인격권을 침해하지 않는 범위 내에서얼마든지 자유롭게 이용할 수 있습니다.

저작인격권	
공표권	저작물을 일반 공중에게 공표하거나 공표하지 않을 권리
성명표시권	저작물에 자신의 이름(실명, 예명 또는 이명)을 표시하거나 표시하지 않을 권리
동일성유지권	저작물의 내용, 형식, 제호 등이 저작자의 의사와 달리 변경되지 않도록 금지할 수 있는 권리

예를 들어, 1918년에 세상을 떠난 구스타프 클림트의 작품을 이용한 에어컨이나 의약품 패키지는 저작권이 만료된 작품을 이용한 것으로 저작권 침해에는 해당하지 않지만, 해당 작품을 훼손한다거나 원작의 가치를 떨어뜨릴 정도의 이용이라면 저작인격권 침해에는 해당할 수 있게 됩니다.

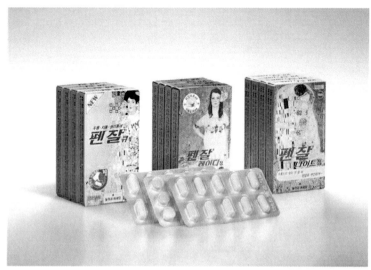

클림트의 작품을 이용한 의약품 펜잘큐 패키지(위)와 LG 아트쿨에어컨(아래)
(출처:서울신문, homedi)

Q7

소재의 한계에 따라 디자인의 중복은 발생할 수밖에 없다고 생각하는데, 이러한 경우에도 표절의 기준이 엄격하게 적용되나요?

A.

일반적인 소재의 유사성만으로 표절이 성립되기는 어렵습니다.

그림이나 음악의 경우, 색과 음은 한정되어 있음에도 불구하고 새로운 그림과 음악은 끊임없이 만들어지고 있습니다. 결국 우리가 사용할 수 있는 소재(색이나 모양 등)라는 것은 한정적이기 때문에 '창작의 한계성'을 인정해야 하고, 단순히 같거나 유사한 소재가 쓰였다는 것만으로 표절로 간주하는 것은 바람직하지 않습니다.

check! 여기서 말하는 '창작의 한계성'이란 한정적인 소재에서 발생하는 기본적인 유사성을 의미합니다.

예술분야의 특성에 기인하는 김창열 화백의 물방울 그림이나 이중섭 화백의 소 그림이 각각 '물방울'과 '소'라는 동일한 소재를 계속 사용하였다고 해서 '자기표절'로 보지 않는 것과 같습니다.

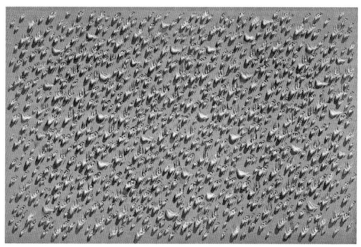

김창열 <물방울> (출처:서울옥션)

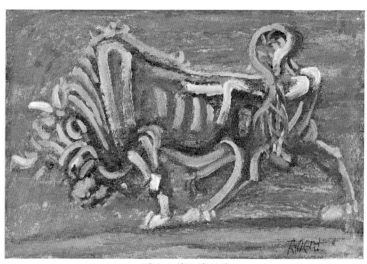

이중섭 <소> (출처:서울미술관)

check! 물론 특별히 제작된 소재라거나 독창적인 아이디어가 담긴 소재라면 소재의 유사성만으로도 표절이 인정될 수 있습니다. 소재 외에도 전체적인 디자인이 유사할 경우에도 역시 표절은 인정될 수 있습니다.

Q8

이미 존재하는 디자인과 비슷한 디자인은 전혀 사용할 수 없는 건가요?

A.

자유실시 디자인에 해당한다면 사용 가능합니다.

누군가 권리를 가지고 있는 디자인과 비슷한 디자인을 사용한다는 것은 디자인권 침해의 경계에 서 있는 것과 다를 바 없습니다.

> **check!** 디자인보호법 제92조는 "디자인권자는 업으로서 등록디자인 또는 이와 유사한 디자인을 실시할 권리를 독점한다"라고 명시하고 있습니다.

다만, '디자인권의 효력이 미치지 않는 범위'에 해당하거나 '자유실시 디자인'에 해당한다면 동일·유사한 디자인이라도 사용이 가능합니다. 디자인권의 효력이 미치지 않는 범위란, 등록된 디자인과 동일·유사 디자인이 사용되더라도 다음과 같은 경우 침해가 성립하지 않는 것을 의미합니다.

- 연구 또는 시험을 하기 위한 등록디자인 또는 이와 유사한 디자인의 실시
- 국내를 통과하는 데에 불과한 선박·항공기·차량 또는 이에 사용되는 기계·기구·장치, 그 밖의 물건
- 디자인등록출원 시부터 국내에 있던 물건
- 디자인등록출원 시부터 국내에 있던 물건(글자체 디자인의 경우) 타자·조판 또는 인쇄 등의 통상적인 과정에서 글자체를 사용하는 경우와 그러한 사용으로 생산된 결과물인 경우

일반적으로 자유실시 디자인이란 통상의 디자이너가 공지디자인 또는 이들의 결합에 따라 쉽게 실시할 수 있는 디자인을 의미하는데, 디자인권이 만료된 디자인 역시 자유실시 디자인으로서 누구나 자유롭게 사용할 수 있습니다.

check! 공지디자인이란 출원 전에 이미 많은 사람들이 알거나 사용하고 있는 디자인을 의미합니다.

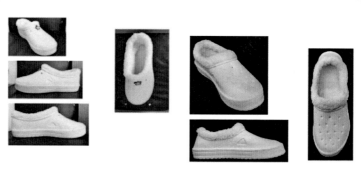

유사한 방한용 실내화의 판매로 인하여 벌어진 분쟁에서 문제가 된 실내화는 통상의 디자이너가 기존의 디자인을 단순히 결합하여 만들어낼 수 있는 수준이라는 점에서 디자인권 침해가 인정되지 않은 바 있습니다.

대법원 2019. 1. 17. 선고 2018후11643 판결 및
대법원 2019. 1. 17. 선고 2018후11636 판결 참고

Q9

정당한 대가를 지불하였더라도 다른 사람의 저작물이 일부 사용되었다면 온전히 제 작품으로 인정받을 수 없는 건가요?

A.

2차적 저작물로 인정받을 수 있습니다.

다른 사람의 저작물을 이용하였더라도 새로운 창작성이 인정된다면 2차적 저작물로서 별도의 저작권이 발생합니다.

check! 저작권법 제5조는 원저작물을 이용하여 창작한 2차적 저작물이 독자적인 저작물로 보호받는다고 규정하고 있습니다.

저작권법 제5조(2차적저작물)

①원저작물을 번역·편곡·변형·각색·영상제작 그 밖의 방법으로 작성한 창작물은 독자적인 저작물로서 보호된다.

②2차적저작물의 보호는 그 원저작물의 저작자의 권리에 영향을 미치지 아니한다.

따라서 기존 저작물에 대한 저작권은 원저작자에게 그대로 있고, 2차적 저작물에 대한 저작권이 생기게 됩니다.

check! 기존의 저작물을 A, 2차적 저작물을 B라고 하였을 때 B에는 A의 일부가 담겨있는 것이기 때문에 B를 이용하고자 하는 또 다른 이용자는 A의 저작권자와 B의 저작권자 모두에게 이용허락을 구해야 합니다.

웹툰을 영화로 제작하거나 해외의 소설을 번역하는 경우, 기존의 음악을 다른 장르의 음악으로 편곡하는 경우가 2차적 저작물을 만드는 것이라 할 수 있습니다.

check! 만약 원저작물과는 다른 창작성이 전혀 없다면 2차적 저작물을 만든 것이 아니라 단순히 타인의 저작물을 이용한 것에 불과합니다.

웹툰 <스위트홈> (출처:넷플릭스/네이버)　　　　조이 <Je T′aime> (출처:SM엔터테인먼트)

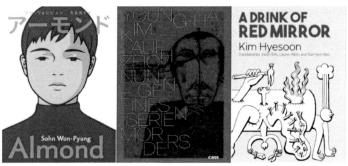

손원평 <아몬드> / 김영하 <살인자의 기억법> / 김혜순 <한 잔의 붉은 거울> (출처:경기매일)

2차적 저작물을 만들 수 있는 권리인 '2차적저작물작성권'은 원저작자가 갖는 권리이기 때문에 타인의 저작물을 이용해서 2차적 저작물을 만들 경우에는 저작자로부터 2차적 저작물 작성에 대한 이용허락을 구해야 합니다. 만약 무단으로 타인의 저작물을 이용하여 2차적 저작물을 만들어 낸다면 2차적저작물작성권 침해에 해당하게 됩니다.

저작권법 제22조(2차적저작물작성권)

저작자는 그의 저작물을 원저작물로 하는 2차적저작물을 작성하여 이용할 권리를 가진다.

▶ 다른 사람의 저작물을 이용하였으나 새로운 창작성이 전혀 인정되지 않을 때는 단순히 '**저작물을 이용한 것**'

▶ 이용한 저작물과 어느 정도 유사성에 더하여 이용자의 독창적인 부분이 표현된 경우에는 '**2차적 저작물을 창작한 것**'

▶ 다른 사람의 저작물을 이용하였지만 완전히 다른 새로운 저작물을 만들어내면 2차적 저작물이 아닌 (원저작물과는 별개의) '**새로운 저작물을 창작한 것**'

야구게임의 캐릭터 저작권이 문제 된 사건에서 대법원은 "저작권법 제5조 제1항 소정의 2차적저작물로 보호받기 위해서는 **원저작물을 기초로 하되 원저작물과 실질적 유사성을 유지하고** 이것에 사회통념상 새로운 저작물이 될 수 있을 정도의 수정·증감을 가하여 새로운 창작성을 부가하여야 하는 것이므로, 어떤 저작물이 기존의 저작물을 다소 이용하였더라도 기존의 저작물과 실질적인 유사성이 없는 별개의 독립적인 신 저작물이 되었다면, 이는 창작으로서 기존의 저작물의 저작권을 침해한 것이 되지 아니한다."고 판시한 바 있습니다.

대법원 2010. 2. 11. 선고 2007다63409 판결 참고

Q10

기존의 디자인을 참고하여 패턴을 제작해도 되나요?

A.

어떤 패턴을 제작하느냐에 따라 다를 수 있습니다.

기존의 디자인을 참고하는 것은 문제 되지 않지만, 참고한 디자인의 패턴(Pattern) 을 제작하게 된다면 '패턴의 유사성'으로 인하여 문제가 발생할 수 있습니다. 여기서 패턴은 물품의 표면에 나타난 무늬(Pattern Design)를 의미할 수도 있고, 물품의 구조 설계(Flat Pattern)를 의미할 수 있어 각각 살펴볼 필요가 있습니다.

패턴디자인 (출처:그린조이)

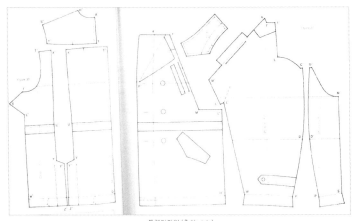

플랫디자인 (출처:visla)

check! **무늬를 의미하는 패턴(Pattern Design)**은 천을 짜거나 엮어서 염색을 하거나 수를 놓아 원단을 만드
는 텍스타일에 사용되는 경우, 의류나 기타 물품의 외관을 꾸미기 위하여 전체 또는 일부에 삽입되는
경우 등이라 볼 수 있고, **물품의 구조를 의미하는 패턴(Flat Pattern)**은 재킷 주머니의 크기, 옷깃의
유무, 위치와 같은 구조를 표현하는 경우, 포장용기나 종이컵의 형태 및 크기를 표현한 것처럼 일종
의 설계도와 같은 것이라 볼 수 있습니다.

물품의 외관에 표현된 무늬(Pattern Design)라면, 디자인보호법상의 디자인으로서
보호받을 수 있을 뿐만 아니라 패턴 무늬 자체가 저작물로서 보호받을 수도 있습니다.

거스 히딩크 전 축구 국가대표감독과 누브티스 히딩크 넥타이 디자인 (출처:누브티스)

2002년 월드컵 당시 국내 한 디자인 전문회사가 거스 히딩크(Guus Hiddink) 감독에게 선물한 넥타이가 일명 '히딩크 넥타이'로 언론의 조명을 받으면서 유명해지자 이와 유사한 넥타이가 생산·판매되어 저작권 분쟁이 벌어진 바 있는데, 이 분쟁에서 넥타이에 사용된 무늬는 물품과 구분되어 독자성을 인정할 수 있는 응용미술저작물로서 인정받았습니다.

대법원 2004. 7. 22. 선고 2003도7572 판결 참고

또한, 상품의 출처표시 기능을 할 수 있는 정도라면 상표법이나 부정경쟁방지법에 의하여 보호받을 수도 있습니다.

버버리 제품 (출처:키프리스)

(출처:버버리)

세계적으로 유명한 버버리(Burberry)의 체크무늬 셔츠와 유사한 체크무늬 셔츠를 수입·판매한 것이 문제가 된 바 있는데, 이때 유사제품을 수입·판매한 업체는 '버버리'라는 문자를 사용하지 않았음에도 버버리의 체크무늬 자체가 상표의 기능을 하고, 문제업체의 체크무늬 역시 상표로 사용된 것이라 볼 수 있다는 점에서 상표권 침해가 인정되었습니다.

외관 패턴을 보고도 누구의 상품인지 떠올릴 수 있는 정도라면 패턴 자체가 상표의 기능을 하고 상표법에 의하여 보호받을 수 있다는 것

대법원 2004. 7. 22. 선고 2003도7572 판결 참고

설계도와 같이 물품의 구조를 의미하는 패턴(Flat pattern)이라면, 앞서 설명한 외관무늬와는 보호여부가 달라집니다. 우선 디자인보호법은 물품의 외관 디자인을 보호하는 것으로 보호받는 물품의 구조나 형태를 표현한 설계도, 즉 패턴 그 자체는 보호받기 어렵습니다.

check! 패턴 자체가 보호받기 어렵다는 것이지 패턴에 따라 유사한 디자인의 물품을 생산 판매한다면 디자인권 침해에 해당합니다.

저작권법의 경우 설계도를 저작물의 예시로 명시하고 있다는 점에서 패턴(Flat pattern)이 도형저작물로서 보호받는 저작물이라고 볼 수 있습니다.

> 저작권법 제4조(저작물의 예시 등)
>
> ①이 법에서 말하는 저작물을 예시하면 다음과 같다.
>
> 8. 지도·도표·**설계도**·약도·모형 그 밖의 도형저작물

설계도는 어떤 대상을 만들어내기 위한 기능적·실용적인 목적을 가지는 것이 일반적이기 때문에 표현 자체에 많은 제한을 받게 됩니다. 예를 들어, 의류의 경우 신체 구조라는 한계성을, 물품의 경우 물품의 용도나 소재와 같은 한계성으로 패턴이 만들어지기 때문에 어느 정도의 유사성이 따를 수밖에 없고, 그러한 부분에 대해서는 저작권법에 의한 보호가 어렵습니다.

지하철 통신설비의 도면에 대한 저작물성이 문제 된 사건에서는 대법원은 도면은 예술성의 표현보다는 기능이나 실용적인 사상의 표현을 주된 목적으로 하는 기능적 저작물로서 표현의 제한 때문에 창조적 개성이 드러나지 않을 가능성이 크다고 판단한 바 있습니다.

대법원 2005. 1. 27. 선고 판결 참고

check! 물론 표현의 한계에도 불구하고 패턴 자체에 창작자의 개성이 충분히 드러난다면 도형저작물로서 보호받을 수 있습니다.

결국 패턴 자체를 제작하는 것은 크게 문제 될 여지가 없지만, 물품의 구조 설계(Flat pattern)에 따라 만들어진 결과물이 유사하거나 물품의 외관 무늬(Pattern design)가 유사하다면 문제가 될 수 있고, 이러한 패턴을 상업적으로 이용한다면 디자인권이나 저작권, 상표권 침해를 비롯한 부정경쟁방지법 위반행위에 해당할 수 있습니다.

Q11

캡처한 이미지 등을 업로드하거나 사용하고 싶은 경우에는 어떻게 해야 하나요?

A.

저작권자로부터 이용허락을 구하는 것이 가장 안전합니다.

스마트폰이 보편화된 요즘 자신이 좋아하는 그림이나 사진을 발견하면 캡처하고 소장하는 경우가 많은데, 이러한 복제는 저작권법 제30조에서 규정하고 있는 '사적이용을 위한 복제'로 별도의 이용허락이 필요하지 않습니다.

> **check!** 그림이나 사진 등을 캡처하는 것은 저작물을 복제하는 행위라고 볼 수 있습니다.

저작권법 제30조(사적이용을 위한 복제)

공표된 저작물을 영리를 목적으로 하지 아니하고 개인적으로 이용하거나 가정 및 이에 준하는 한정된 범위 안에서 이용하는 경우에는 그 이용자는 이를 복제할 수 있다. 다만, 공중의 사용에 제공하기 위하여 설치된 복사기기, 스캐너, 사진기 등 문화체육관광부령으로 정하는 복제기기에 의한 복제는 그러하지 아니하다.

그러나 사적복제 규정은 비영리목적을 가지고 개인이나 가정 및 이에 준하는 한정된 범위에서의 이용에 적용되기 때문에 이러한 범위를 넘어설 경우에는 저작권 침해에 해당하게 됩니다.

예를 들어, 비영리목적이더라도 SNS(유튜브, 인스타그램, 페이스북, 블로그 등)에 올려 불특정 다수가 접할 수 있거나, 회사나 학교, 학원 등에서 많은 사람과 공유한다면 한정된 범위를 넘어선 것으로 문제가 됩니다.

> **check!** 비공개 SNS 계정에 업로드 한 경우라면 문제가 되지 않지만, 최근 SNS의 경우 상업적인 수단으로도 많이 활용된다는 점에서 함부로 타인의 저작물을 이용하여서는 안 됩니다.

따라서 상업적인 수단으로 활용하고자 하는 경우, 불특정 다수가 알 수 있는 공간에 업로드 하는 경우, 특정인만 볼 수 있는 경우라도 그 범위가 회사나 학교와 같이 다수인 경우라면 저작권자로부터 저작물에 대한 이용허락을 구하여야 합니다.

Q12

디자인 창작 단계에서 이용하는 각종 소스의 저작권과 구매에 대한 가이드라인이 있나요?

A.

저작물의 이용절차를 참고하면 됩니다.

디자인 소스 구매에 관한 별도의 가이드라인은 없지만 일반적인 저작권 이용절차를 참고하여 이용이 가능합니다.

저작권법 제46조는 저작물의 이용허락을 규정하고 있으며, 이에 따라 이용자는 저작권자로부터 이용방법 및 조건 등에 대한 허락을 구하고 저작권 사용료를 지불함으로써 저작물을 이용할 수 있습니다.

저작권법 제46조(저작물의 이용허락)

①저작재산권자는 다른 사람에게 그 저작물의 이용을 허락할 수 있다.

②제1항의 규정에 따라 허락을 받은 자는 **허락받은 이용 방법 및 조건의 범위 안에서 그 저작물을 이용할 수 있다.**

이용하고자 하는 소스의 이용절차가 안내되어 있다면 해당 절차를 따르지만, 이러한 절차가 없다면 우선 이용하고자 하는 소스가 저작권법상 보호되는 저작물인지, 그렇다면 누가 저작권자인지 확인한 뒤 이용허락(구매 절차)을 거쳐야 합니다.

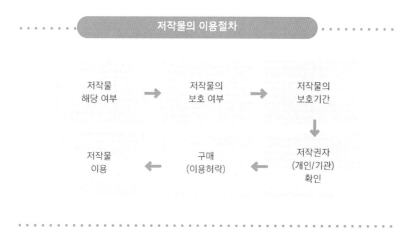

저작물의 이용절차

저작물 해당 여부 ➡ 저작물의 보호 여부 ➡ 저작물의 보호기간 ⬇ 저작권자 (개인/기관) 확인 ⬅ 구매 (이용허락) ⬅ 저작물 이용

check! 저작물을 이용하는 과정에서 반드시 사용료를 지불해야 하는 것은 아니기 때문에 무료로 제공하는 소스라거나 저작권자로부터 대가가 요구되지 않을 경우에는 별도의 비용이 발생하지 않게 됩니다.

Q12-1

디자인 소스를 이용할 때 반드시 비용을 지불해야 하나요? 무료로 이용할 수 있는 소스도 있나요?

A.

사용료가 발생할 수 있지만 무료 이용이 가능한 소스도 있습니다.

권리자가 자신의 저작물이 활용되는 것에 대해 정당한 사용료를 요구한다면 이용자는 비용을 지불해야 합니다. 그러나 디자인에서 활용되는 모든 소스가 유상으로 제공되는 것은 아니기 때문에 무료로 제공되는 소스를 이용할 수도 있습니다.

대표적으로 CCL(Creative Commons License)이 있는데 이러한 오픈 라이선스가 적용된 것이라면 별도의 이용허락 없이도 누구나 무료로 이용이 가능합니다. 특히 CCL은 전 세계적으로 통용되는 라이선스이기 때문에 외국의 저작권법에 대해서는 걱정할 필요 없이 CCL이 적용된 저작물이라면 어떤 것이든 자유롭게 이용할 수 있습니다. 단, CCL에는 6가지의 유형과 각 유형별 이용조건이 있다는 점을 반드시 알아야 합니다.

라이선스	이용조건	문자표기
CC ① BY	저작자 표시 저작자의 이름, 저작물의 제목, 출처 등 저작자에 관한 표시를 해주어야 합니다.	CC BY
CC ① ⑤ BY NC	저작자표시·비영리 저작자를 밝히면 자유로운 이용이 가능하지만 영리목적으로 이용할 수 없습니다.	CC BY-NC
CC ① ⊜ BY ND	저작자표지·변경금지 저작자를 밝히면 자유로운 이용이 가능하지만, 변경 없이 그대로 이용해야 합니다.	CC BY-ND
CC ① ↻ BY SA	저작자표시·동일조건변경허락 저작자를 밝히면 자유로운 이용이 가능하고 저작물의 변경도 가능하지만, 2차적 저작물에는 원 저작물에 적용된 것과 동일한 라이선스를 적용해야 합니다.	CC BY-SA
CC ① ⑤ ↻ BY NC SA	저작자표시·비영리·동일조건변경허락 저작자를 밝히면 이용이 가능하며 저작물의 변경도 가능하지만, 영리목적으로 이용할 수 없고, 2차적 저작물에는 원 저작물과 동일한 라이선스를 적용해야 합니다.	BY-NC-SA
CC ① ⑤ ⊜ BY NC ND	저작자표시·비영리·변경금지 저작자를 밝히면 자유로운 이용이 가능하지만, 영리목적으로 이용할 수 없고 변경 없이 그대로 이용해야 합니다.	BY-NC-ND

CCL 6가지 유형 (출처·www.cckorea.org)

이와 유사한 라이선스로 공공누리(KOGL, Korea Open Government License)가 있는데 공공누리가 적용된 저작물 역시 별도의 이용허락 없이 자유롭게 이용이 가능합니다.

check! 공공누리는 CCL과 달리 공공저작물(정부기관이나 지방자치단체, 공공기관이 가지고 있는 저작물)에 대해서만 적용되는 라이선스입니다.

또한 CCL과 마찬가지로 이용조건에 따른 총 4가지의 유형이 있습니다.

라이선스 4가지 유형 (출처:www.kogl.or.kr)

참고로 별도의 라이선스가 적용되는 것은 아니지만 저작권이 만료되거나 기증 등을 통해 자유롭게 이용할 수 있게 된 저작물은 공유저작물로서 한국저작권위원회가 「공유마당」을 통해 제공하고 있습니다.

check! CCL과 공공누리가 적용된 무료 소스들은 각각 「Let's CC」와 「공공누리」를 통해서도 검색이 가능합니다.

알아두면 유용한 무료 이미지 제공 사이트

Pixbay   https://pixabay.com/ko/

Unsplash   https://unsplash.com

Pexels   https://www.pexels.com/ko-kr/

Splitshire   https://www.splitshire.com

Picjumbo   https://picjumbo.com

Q13

디자인의 보호기간이 지나면 어떻게 되나요?

A.

누구나 사용할 수 있는 디자인이 됩니다.

보호기간이 끝난다는 것은 권리가 소멸하여 그 디자인이 더 이상 법적인 보호를 받을 수 없다는 것을 의미합니다. 따라서 어떤 디자인에 대한 권리를 가지고 있는 디자이너 혹은 권리자는 법에서 정한 일정기간 동안에만 독점적으로 그 권리를 누릴 수 있는 것이고, 그 기간이 지나면 누구나 자유롭게 그 디자인을 사용할 수 있게 됩니다.

권리소멸

보호기간 만료 → 법적 보호 X

다만 어떤 법으로 보호받는 디자인이냐에 따라 보호기간은 달라질 수 있습니다. 디자인보호법상의 디자인은 20년의 보호기간이 주어지고 저작권법상의 저작물은 저작자의 사후 70년까지 보호받습니다. 상표의 경우 10년의 보호기간이 주어지지만 10년 단위로 보호기간을 연장할 수 있기 때문에 사실상 영원히 보호받을 수도 있습니다. 어떻게 보면 어떤 디자인이냐에 따라 보호받는 기간이 달라진다고도 할 수 있습니다.

결국 디자인보호법상의 디자인이냐, 저작권법상의 저작물이냐, 상표법상의 상표냐에 따라 보호기간은 다르지만 보호기간이 지나면 더 이상 보호받을 수 없다는 것입니다.

Q14

2명 이상이 디자인을 함께 제작하게 되면
모두가 디자인권자가 되나요?

A.

모두 디자인권자가 될 수 있습니다.

디자인보호법 제3조 제2항은 2명 이상이 공동으로 디자인을 창작한 경우에는 디자인등록을 받을 수 있는 권리를 공유하도록 명시하고 있습니다.

디자인보호법 제3조(디자인등록을 받을 수 있는 자)

②2명 이상이 공동으로 디자인을 창작한 경우에는 디자인등록을 받을 수 있는 권리를 공유한다.

만약 해당 디자인이 저작물로 인정된다면 저작권법에 의해서도 공동저작물로 분류되어 창작자 모두가 저작권자가 될 수 있습니다.

저작권법 제2조(정의)

21. "공동저작물"은 2인 이상이 공동으로 창작한 저작물로서 각자의 이바지한 부분을 분리하여 이용할 수 없는 것을 말한다.

Q15

디자인 작업 시 저작권이 있는 저작물인지 혹은 저작권이 등록되어 있는 저작물인지 확인할 수 있는 방법이 있나요?

A.

저작권등록 사이트를 통해 등록 저작물 검색이 가능합니다.

저작권은 등록 여부와 상관없이 창작 당시에 발생하는 권리이기 때문에 저작권 표시가 없거나 등록되어 있지 않더라도 보호받는 저작물일 가능성이 높습니다.

check! 저작권 표시와 관련해서 "Copyright ⓒ ~ All right reserved" 와 같은 문구나 ⓒ표시를 자주 볼 수 있는데, 이러한 표시가 저작권 보호의 필수 요건이 아니기 때문에 이러한 표시가 없더라도 보호받는 저작물일 수 있다는 점에 유의해야 합니다.

따라서, 이용하고자 하는 저작물에 별도의 저작권 표시가 없을 경우에는 저작자에게 직접 문의하거나 한국저작권위원회를 통해 등록된 저작물인지를 검색해볼 수 있습니다.

check! 등록 저작물은 한국저작권위원회에서 운영하는 '저작권등록' 사이트를 통해 검색이 가능합니다.

한국저작권위원회 저작권 등록 (출처:www.cros.or.kr)

> check! 저작권이 만료되거나 기증 등을 통해 누구나 자유롭게 이용할 수 있는 공유저작물은 「공유마당」, 국가나 지방자치단체가 보유한 저작물로서 자유롭게 이용할 수 있는 공공저작물은 「공공누리」에서 검색 및 이용이 가능합니다.
> – 공유마당 (gongu.copyright.or.kr)
> – 공공누리 (www.kogl.or.kr)

만약 등록된 저작물도 아니고 저작자 확인도 어려워 저작물의 이용이 어려운 상황이라면 '법정허락제도'를 통해 저작물을 이용할 수 있습니다.

> check! 법정허락제도에 대한 내용은 [Q&A 15-1] 참고

디자인보호법상 등록 디자인 여부 확인

디자인보호법은 '등록주의'를 취하고 있기 때문에 이용하고자 하는 디자인이 등록된 디자인 인지 여부를 검색해서 권리여부를 확인할 수 있습니다.

특허청이 운영하는 디자인 정보 전문 사이트인 '디자인맵(DESIGNMAP)'의 디자인권 검색 메뉴를 통하여 다양한 분야별 물품을 검색할 수 있고, 한국특허정보원이 운영하는 대국민특허정보검색 서비스 '특허정보넷 키프리스(KIPRIS)'를 통해 국내외 주요국에 출원, 등록된 디자인에 대한 검색이 가능합니다.

– 디자인맵 (www.designmap.or.kr)

– 특허정보넷 키프리스 (www.kipris.or.kr)

디자인맵 (출처:www.designmap.or.kr)

특허정보넷 키프리스 (출처:www.kipris.or.kr)

Q15-1

출처가 없거나 원작자 표시가 없는 경우에는 사용이 가능한가요?

A.

법정허락제도를 통해 사용이 가능합니다.

출처나 원작자 표시와 같은 저작권 표시가 없더라도 저작권은 창작 당시에 발생하는 것이기 때문에 무단으로 이용한다면 저작권 침해에 해당할 수 있습니다. 그러나 저작권 표시가 없다면 저작자 확인이 어려워 이용허락을 구할 수 없기 때문에, 저작권법은 이러한 경우에 '법정허락제도'를 통해 다른 사람의 저작물을 이용할 수 있도록 하고 있습니다.

저작권법 제50조(저작재산권자 불명인 저작물의 이용)

①누구든지 대통령령으로 정하는 기준에 해당하는 상당한 노력을 기울였어도 **공표된 저작물의 저작재산권자나 그의 거소를 알 수 없어 그 저작물의 이용허락을 받을 수 없는 경우**에는 대통령령으로 정하는 바에 따라 문화체육관광부장관의 승인을 얻은 후 문화체육관광부장관이 정하는 기준에 의한 **보상금을 위원회에 지급하고 이를 이용할 수 있다.**

[상당한 노력]
· 저작권 등록부의 열람 또는 그 사본의 신청을
  통하여 조회
· 해당 저작권신탁관리업자에게 조회
· 권리자 찾기 정보 시스템에 조회 공고
· 국내 정보통신망 정보 검색도구로 검색

이용승인 신청
↓
제출자료 검토 및 승인신청 공고
↓
분과위원회 심의
↓
승인 공고
↓
보상금 지급사실 공고

법정허락대상
· 저작재산권자 불명인 저작물의 이용(법 제50조)
· 공표된 저작물의 방송(법 제51조)
· 상업용 음반의 제작(법 제52조)
· 실연·음반 및 방송의 이용(법 제89조)
· 데이터베이스의 이용(법 제97조)

신청비용
저작물 건당 1만원

처리기한
신청서 접수일부터 40일 이내

승인의 통지
승인하는 경우 신청인과 해당 저작재산권자에게 통지
단, 저작재산권자 불명 저작물의 경우(해당 저작재산권자나 그의 거소를 알 수 없는 경우)에는 권리자 찾기 정보시스템에 1개월 이상 공고

승인신청의 기각
기각하는 경우 그 사유를 명시하여 신청인과 저작재산권자에게 통지
단, 저작재산권자나 그의 거소를 알 수 없는 경우에는 신청인에게만 통지

보상금의 지급
법 제50조(저작재산권자 불명인 저작물의 이용)의 경우 신청인은 보상금을 위원회에 지급하고 위원회는 보상금 지급사실을 권리자 찾기 정보시스템에 즉시 게시
법 제51조(공표된 저작물의 방송)와 제52조(상업용 음반의 제작)에 의거한 경우 신청인은 법이 정한 절차에 따라 이용승인 신청을 얻은 후 문화체육관광부장관이 정하는 기준에 의한 보상금을 저작재산권자에게 직접 지급하여야 한다. 다만, 저작재산권자가 수령을 거부할 경우 공탁법에 따라 법원에 공탁한 후 이용할 수 있으며 이 경우 보상금을 공탁한 자는 그 사실을 공탁물 수령할 자에게 직접 알려야 한다.

한국저작권위원회 법정허락제도 안내 (출처:www.copyright.or.kr)

check! 저작권법은 저작자를 알 수 없는 경우 외에 '공표된 저작물의 방송'과 '상업용 음반의 제작'에 대해서도 법정허락을 규정하고 있습니다. (제51조 및 제52조 참고)

Q16

학생 때 만든 작품의 저작권이 제대로 보호되지 못하는 것 같아요. 어떻게 해야 할까요?

A.

저작권 표시 혹은 등록이 바람직합니다.

요즘은 핀터레스트(Pinterest)나 인스타그램(Instagram)과 같은 SNS를 통해 자신의 작품을 대외적으로 공개하는 일이 더 쉬워졌기 때문에 그만큼 저작권 침해에 더 많이 노출되어있다고도 볼 수 있습니다.

다만, 저작권은 창작 당시에 발생하는 것이므로 학생 때 만든 저작물이라고 해서 보호여부가 달라지는 것은 아니라는 점을 명심해야 합니다. 따라서 창작 후에는 저작권 표시를 통해 자신의 작품이라는 사실을 명확히 고지하는 것이 바람직하고, 더욱 확실한 방법으로는 저작권 등록을 하는 것입니다.

> **check!** 저작권 등록을 하지 않더라도 저작권법에 의해 보호받을 수는 있지만, 분쟁이 발생했을 때 등록되지 않은 저작물이라면 권리자는 자신의 저작물이라는 것과 침해라고 주장하는 사실을 직접 입증해야 합니다. 그리고 그러한 입증이 쉽지 않은 경우가 있는데, 만약 저작물이 등록되어 있다면 저작권을 침해한 자에게 침해행위에 과실이 있는 것으로 추정하게 됩니다.

저작권 등록은 한국저작권위원회의 저작권 등록시스템(www.cros.or.kr)을 통해 신청이 가능하고 오프라인 등록신청도 가능합니다. 참고로 저작권 등록은 '1저작물 1등록'이 원칙이기 때문에 여러 개의 저작물에 대해서는 각각 등록을 해야 하고, 등록에 따른 수수료가 발생하게 됩니다.

1단계	2단계	3단계	4단계
신청 전 확인	**신청접수**	**등록심사**	**결과통보**

· 등록대상
· 등록종류
· 신청인 적격
· 신청방법 선택
	· 신청서류 작성
	· 등록기관 제출
	· 수수료 납부
		· 신청인 적격
		· 서류 구비여부
		  - 불충분할 경우 보완
		· 신청물 심사
			· 등록 수리
			  - 등록증 교부
			· 신청반려
			· 이의신청

신청의 종류	신청방법	수수료	등록면허세 (교육세20%포함)	납부 총액
저작권(프로그램저작물 제외), 저작인접권, 데이터베이스제작자권리 등록	오프라인	30,000원 (일시에 11건 이상 등록 시 11건째부터 건당 10,000원)	3,600원	33,600원 (일시에 11건이상 등록시 11건째부터 건당 13,600원)
	온라인	20,000원 (일시에 11건 이상 등록 시 11건째부터 건당 10,000원)	3,600원	23,600원 (일시에 11건이상 등록시 11건째부터 건당 13,600원)

한국저작권위원회 저작권 등록 안내 (출처:www.cros.or.kr)

check! 저작권 등록의 효과와 절차, 수수료 등에 대한 보다 자세한 내용은 저작권 등록시스템(www.cros.or.kr)을 통해 확인이 가능합니다.

Q17

과제를 작성할 때 이용한 저작물의 출처가 명확하지 않으나, 수업 내에서만 사용한다면 문제없나요?

A.

출처가 불분명한 저작물을 이용하는 것은 문제가 될 수 있습니다.

교내 과제 제출을 위해 다른 사람의 저작물을 이용하는 경우라면 저작권법 제25조 제5항에 따라 복제나 공중송신이 가능하다는 점은 앞서 설명한 바와 같습니다.

check! 저작권법 제25조 제5항에 따른 저작물의 이용은 [Q&A 5] 내용 참고

또한 제28조에 규정된 공표된 저작물의 인용으로서 다른 사람의 저작물을 이용하는 것이라 볼 수도 있을 것입니다.

> 저작권법 제28조(공표된 저작물의 인용)
>
> 공표된 저작물은 보도· 비평·교육·연구 등을 위하여는 정당한 범위 안에서 공정한 관행에 합치되게 이를 인용할 수 있다.

그러나 중요한 것은 어떠한 형태의 이용이든 저작권법상 규정된 출처표시 의무는 지켜야하기 때문에 이용하고자 하는 저작물의 출처가 불분명하다면 문제가 될 수 있습니다.

출처가 명확하지 않을 경우 해당 저작물을 이용하고자 하는 이용자 역시도 출처를 표시할 수 없게 되기 때문입니다. 따라서 출처를 알 수 없는 저작물이라면 과제라 할지라도 이용하지 않는 것이 바람직하지만, 꼭 이용해야 한다면 한국저작권위원회의 '권리자 찾기 정보시스템(www.findcopyright.or.kr)'을 이용해 저작권자를 찾아볼 수 있습니다.

한국저작권위원회 권리자 찾기 안내 (출처:www.findcopyright.or.kr)

check! 권리자 찾기 정보시스템은 저작권자를 찾을 수 없어 저작물을 이용하지 못하는 경우 등을 위해 위탁관리업자의 관리저작물 및 저작권 등록부 등의 저작권 정보를 한 곳에서 검색 가능한 서비스를 제공하고 있습니다.

Q18

과제나 졸업전시회 같은 학습과정에서 다른 사람의 작품을 사용한 것은 상업적 이용이 아니기 때문에 문제가 되지 않는 건가요?

A.

출처표시 의무와 함께 이용방법을 고려해야 합니다.

일반적인 저작권 침해행위는 친고죄에 해당하지만 상업적으로 이용한 경우에는 저작권자의 고소가 없더라도 처벌이 가능하게 됩니다. 다시 말해, '상업적 이용'에 해당하느냐가 저작권 침해를 결정하는 기준이 되지는 않는다는 것입니다. 중요한 것은 다른 사람의 저작물을 어떠한 형태로 이용하느냐에 따라 이용허락을 구하거나 이용대가를 지불할 수도 있는 것이고, 별도의 이용허락을 구하지 않더라도 출처표시를 해야 하는 경우가 있다는 것입니다.

앞서 설명한 것처럼 일반적으로 교내 과제 작성 등을 위한 경우라면 저작권법 제25조 제5항이나 제28조에 따라 별도의 이용허락 없이도 이용은 가능하지만 반드시 출처를 표기해야 합니다.

> check! [Q&A 5] 과 [Q&A 7] 내용 참고

그러나 졸업전시회 출품작의 경우 단순히 다른 사람의 저작물을 이용하는 것을 넘어 새로운 작품을 만들어내는 것이라 볼 수 있고, 경우에 따라서는 졸업 작품이 판매되기도 한다는 점에서 조금 달리 볼 필요가 있습니다. 다른 사람의 작품을 이용하여 새로운 작품을 만들어낸다는 것은 '2차적 저작물'을 만들어내는 것으로 볼 수 있기 때문에 원작자로부터 이용허락을 구해야 하고, 그렇지 않을 경우에는 상업적 이용여부를 떠나 저작권 침해에 해당할 수 있게 됩니다.

check! 2차적 저작물 작성에 관한 내용은 [Q&A 9] 참고

물론 졸업 작품이라고 하여 모두 2차적 저작물에 해당한다고 할 수는 없기 때문에 저작물의 공정이용에 해당하는지 여부를 고려해볼 수 있는데, 저작권법 제35조의 5에 규정된 공정이용 역시 별도의 이용허락은 필요하지 않지만 이용의 목적이나 이용 부분의 비중 등을 따져보아야 합니다.

저작권법 제35조의5(저작물의 공정한 이용)

①제23조부터 제35조의4까지, 제101조의3부터 제101조의5까지의 경우 외에 저작물의 통상적인 이용 방법과 충돌하지 아니하고 저작자의 정당한 이익을 부당하게 해치지 아니하는 경우에는 저작물을 이용할 수 있다.

②저작물 이용 행위가 제1항에 해당하는지를 판단할 때에는 다음 각 호의 사항 등을 고려하여야 한다.

1. 이용의 목적 및 성격
2. 저작물의 종류 및 용도
3. 이용된 부분이 저작물 전체에서 차지하는 비중과 그 중요성
4. 저작물의 이용이 그 저작물의 현재 시장 또는 가치나 잠재적인 시장 또는 가치에 미치는 영향

참고로 2차적 저작물을 만들 경우에는 반드시 2차적 저작물 작성에 대한 이용허락이 요구되지만, 원작에 대한 출처는 표기할 필요가 없다는 점에서 저작재산권의 제한에 따른 이용(저작권법 제25조 제5항이나 제28조, 제35조의5 등)과는 차이가 있습니다.

check! 만약 이용자 스스로 저작권법상의 공정이용에 해당한다고 판단하였을지라도 상업적으로 이용한다거나 저작물의 대부분을 이용하는 경우 등이라면 '공정이용'이 아닌 저작권 침해에 해당할 수 있습니다.

Q18-1

과제물을 작성할 때 어떤 부분을 조심해야 할까요?

A.

다른 사람의 저작물을 이용하였는지를 기준으로 생각해볼 수 있습니다.

다른 사람의 저작물을 이용하지 않거나 단순히 참고하는 정도라면 문제될 여지가 없지만 다른 사람의 저작물을 조금이라도 이용할 경우에는 저작권법상 문제가 없는지 따져보아야 합니다. 다른 사람의 저작물을 이용하지 않거나 단순히 참고하는 정도라면 문제될 여지가 없지만 다른 사람의 저작물을 조금이라도 이용할 경우에는 저작권법상 문제가 없는지 따져보아야 합니다.

> **check!** 참고만 하더라도 참고한 저작물과 동일·유사한 수준의 과제물을 만들어냈다면 저작권 침해나 표절에 해당할 수 있습니다.

> **check!** 저작권 침해 판단 및 표절에 관한 내용은 [Q&A 3] 과 [Q&A 3-1] 참고

일반적으로 과제물을 작성하는 과정에서 다른 사람의 저작물을 이용하는 경우라면 저작권법상의 저작재산권 제한 규정에 해당되어 별도의 이용허락 없이도 이용이 가능하게 됩니다. 따라서 중요한 것은 이러한 제한 규정에서 정하고 있는 '**범위 내에서 적절히 이용**' 하고 있는지, '**출처표시**' 의무를 지키고 있는지를 주의하면 됩니다.

check! 저작재산권 제한 규정에 관한 내용은 [Q&A 3-3] 참고

check! 범위 내에서의 적절한 이용이란 예를 들어, 학교가 아닌 학원 과제를 작성하는 경우라면 저작권법 제25조(학교교육 목적 등에의 이용)가 적용될 수 없고, 다른 사람의 저작물 거의 대부분을 가져다 쓰는 경우라면 저작권법 제28조(공표된 저작물의 인용)이나 제35조의5(저작물의 공정한 이용)가 적용될 수 없는 경우를 말합니다.

Q19

저작권 프리 이미지나 벡터 이미지 등을
과제에 사용해도 괜찮은 것인가요?

A.

저작권 프리(Copyright-Free)라면
사용 가능합니다.

예를 들면, 픽사베이(Pixabay)나 스톡스냅(Stocksnap)과 같은 사이트들이 무료 이

미지를 제공하는 곳이라 할 수 있습니다.

check! 이 외에도 언스플래쉬(Unsplash), 펙셀스(Pexels), 픽점보(Picjumbo) 등 무료 이미지를 제공하고
있는 다양한 사이트들이 있습니다.

언스플래쉬 (출처: unsplash.com)

펙셀스 (출처: pexels.com)   픽점보 (출처: picjumbo.com)

이러한 사이트들은 대부분의 이미지를 별도의 이용허락 없이 무료로 사용할 수 있도록 제공하고 있기 때문에 과제에 이용하는 것은 문제가 없습니다. 여기서 벡터이미지(Vector image)는 이미지 파일의 한 형태일 뿐 '저작권 프리(Copyright-Free)'나 '로열티 프리(Royalty-Free)'를 의미하는 것은 아닙니다.

따라서 벡터이미지이기 때문에 과제에 이용할 수 있는 것이 아니라 무료 사이트에서 제공하고 있기 때문에 자유롭게 이용할 수 있다는 사실을 알아야 합니다.

Q20

인터넷 포털사이트에서 쉽게 접할 수 있는 디자인들, 다운받아도 안전한 건가요?

A.

함부로 다운받아 이용한다면 문제가 될 수 있습니다.

다운로드(저장)하는 디자인의 용도를 생각해보아야 하는데, 만약 개인적으로 이용하기 위한 정도에 그친다면 저작권법상 허용되는 '사적복제'에 해당하기 때문에 다운로드가 가능합니다.

check! 단, P2P 사이트를 이용할 경우에는 다운로드와 업로드가 동시에 이루어지기 때문에 단순히 다운로드를 받더라도 저작권 침해에 해당할 수 있다는 점을 유의해야 합니다.

P2P 사이트

①이미지 검색   ②파일 다운로드

④P2P프로그램이 파일 보유자 IP 목록 요청   ④P2P프로그램이 IP 목록의 파일 보유 PC에 파일 요청

트래커 서버   ⑤파일 보유자 IP 목록 제공   사용자   ⑤유포자의 P2P프로그램이 파일제공   유포자

③다운받은 파일을 P2P 프로그램에 등록

그러나 다운로드한 디자인을 상업적으로 활용한다거나 혹은 개인적인 이용이라 하더라도 공개된 SNS 계정을 통해 불특정 다수와 공유하는 경우, 불법복제물인 것을 알면서 다운로드 한 경우 등이라면 사적복제에 해당하는 것으로 보기 어렵습니다.

check!　사적복제에 관한 자세한 내용은 [Q&A 11] 참고

실제로 인터넷에서 발견한 이미지를 함부로 이용하다 저작권자로부터 고소를 당하는 경우가 있는데, 만약 웹 서핑이나 SNS 등에서 발견한 누군가의 디자인을 이용하고자 한다면 사전에 이용허락을 구해야 합니다.

check!　최근에는 카페나 블로그 등에 올린 사진이 도용됨에 따라 저작권 침해 신고를 하는 경우가 많습니다.

네이버 게시물 신고 접수 (출처:네이버)

물론 다양한 디자인을 무료로 제공하고 있는 사이트의 경우에는 저작권 침해에 대한 걱정 없이 다운로드가 가능합니다.

check!　예를 들어, 픽사베이(Pixabay)는 대부분의 디자인에 대해 다운로드 외에도 이용이 가능하다고 안내하고 있습니다.

Q21

동아리 행사에 사용하는 디자인도 문제가 되나요? 그렇다면 개인적으로 이용한 것도 문제가 되나요?

A.

동아리 행사의 규모나 목적에 따라 문제가 될 수 있습니다.

저작권법 제29조와 제30조는 각각 '비영리목적의 공연·방송'과 '사적이용을 위한 복제'를 규정하고 있는데, 사적복제의 경우 앞서 설명한 것처럼 개인 또는 이에 준하는 범위 내에서라면 타인의 저작물을 복제하여 비영리목적으로 이용할 수 있습니다.

check! 사적복제에 관한 자세한 내용은 [Q&A 11] 참고

그리고 비영리목적으로 타인의 저작물을 공연 또는 방송하기 위한 경우에도 역시 별도의 이용허락을 받을 필요 없이 이용이 가능합니다.

저작권법 제29조(영리를 목적으로 하지 아니하는 공연·방송)

①영리를 목적으로 하지 아니하고 청중이나 관중 또는 제3자로부터 어떤 명목으로든지 반대급부를 받지 아니하는 경우에는 공표된 저작물을 공연 (상업용 음반 또는 상업적 목적으로 공표된 영상저작물을 재생하는 경우를 제외한다) 또는 방송할 수 있다. 다만, 실연자에게 통상의 보수를 지급하는 경우에는 그러하지 아니하다.

check! 여기서 '공연'은 상연·연주·가창·구연·낭독·상영·재생 그 밖의 방법으로 **공중에게 공개**하는 것을 말하며, 동일인의 점유에 속하는 연결된 장소 안에서 이루어지는 송신을 포함합니다.

check! 비영리목적의 공연·방송에 관한 내용은 [Q&A 24] 참고

따라서 개인적 이용이거나 제한된 소규모의 동아리 행사라면 저작권법 제30조에 따라, 비영리 목적의 공연 형태로 이루어진 동아리 행사라면 저작권법 제29조에 따라 허용된다고 볼 수 있습니다.

이용대상이 저작권법상의 저작물일 경우

▶ 개인적인 이용 → 저작권법 제30조에 따라 허용

▶ 동아리 행사(소규모/비공개) → 저작권법 제30조에 따라 허용

▶ 동아리 행사(비영리적/공연·방송 형태) → 저작권법 제29조에 따라 허용

check! 다만 사적복제가 허용하는 범위는 '개인적으로 이용하거나 가정 및 이에 준하는 한정된 범위 안에서 이용하는 경우'이기 때문에 동아리의 행사 참석 인원이 다수이거나 불특정 다수의 참관이 가능한 경우 등에 해당한다면 사적복제로는 볼 수 없습니다.

사용하고자 하는 디자인이 디자인보호법상의 디자인이라면 개인이나 동아리 행사에서의 사용이 디자인권 침해에 해당하는지를 확인해보아야 합니다. 디자인권의 침해는 디자인권이 유효하고 권원 없는 타인이 업으로 실시할 때 성립됩니다. 즉, 등록된 디자인과 동일·유사한 디자인을 상업적으로 이용할 때 문제가 되는 것입니다. 따라서 개인적인 이용이나 동아리 행사에서 다른 사람의 디자인(디자인보호법상의 디자인)을 이용하는 것이 비영리적이라면 문제가 되지 않습니다.

check! 예를 들어, 개인적으로 동일한 디자인을 제작해본다거나 동아리 행사에서 유사한 디자인으로 교육·홍보 등을 하는 것이 이러한 경우에 해당한다고 볼 수 있습니다.

Q22

공모전에 제출한 디자인에 대한 권리는
누구에게 있는 것인가요?

A.

원칙적으로 응모자에게 권리가 있습니다.

예전에는 수상작에 대한 일체의 권리를 주최 측에 양도하는 불합리한 형태로 공모전이 진행되는 경우가 많았습니다. 이와 관련하여 공정거래위원회는 지난 2014년 8월 응모작에 대한 모든 권리가 '주최자'에게 귀속되는 것으로 규정하는 것은 불공정 약관으로 보아 시정조치를 한 바 있습니다.

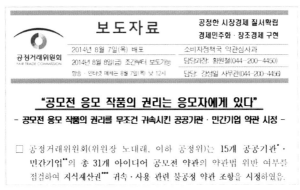

보도자료 (출처 : 2014. 8. 7. 공정거래위원회 보도자료)

그리고 문화체육관광부와 한국저작권위원회에서는 공모전 출품작의 저작권에 대한 귀속관계를 명확히 하고자 '창작물 공모전 지침(2020)'을 두고 있습니다.

<창작물 공모전 지침 중 일부 발췌>

Ⅱ. 적용 범위

본 지침은 공모전에 출품되는 응모작에 적용되며, **공모전의 주최자는 본 가이드라인에서 제시하는 기준보다 응모자에게 불리하지 않은 범위 내에서 더 상세한 사항을 규정하거나 특약으로 정할 수 있다.**

-중략-

Ⅳ. 공모전에서의 권리관계

1. 저작권 귀속

①공모전에 출품된 응모작의 저작권 즉, 저작재산권과 저작인격권은 저작자인 응모자에게 원시적으로 귀속된다.(저작권법 제10조).

②공모전 주최자는 입상하지 않은 응모작에 대해서는 어떠한 권리도 취득할 수 없다. 공모전 주최자는 별도의 반환 요청이 없는 한 입상하지 않은 응모작을 공모전 종료일로부터 3개월 이내에 모두 폐기하여야 한다.

-중략-

2. 이용허락

①공모전 주최자는 필요 최소한 범위 내에서 해당 입상작에 대한 이용허락을 받는 것을 원칙으로 하고, 응모자는 공모전에 응모함으로써 추후 입상할 경우 주최자의 이용을 허락한 것으로 본다. 다만 공모전 주최자는 공모전의 목적에 합당하도록 이용허락의 조건을 결정하여 공모전 요강에 명시하여야 하고, 이용허락에 따른 정당한 대가를 지급하여야 한다. 이때 정당한 대가는 일정한 조건 하에서 상금·상품 등으로 대체될 수 있다.

②공모전 주최자가 공모전 요강에서 **공고한 이용허락 범위를 초과하여 입상작을 이용하거나 2차적저작물작성권의 이용허락이 필요한 경우에는 저작권법에 따라 입상자와 별도로 하의하여야 한다.**

-중략-

4. 저작인격권의 존중

①공모전 주최자가 입상작을 이용할 때에는 입상자의 저작인격권을 존중하여야 한다. **공모전 주최자는 원칙적으로 저작자인 입상자의 성명을 표시하고, 입상작의 내용·형식 및 제호의 동일성을 유지하여야 한다.** 공모전 주최자가 입상작의 저작재산권 전부 또는 일부를 양도받는 경우라 하더라도 동일하다.

-후략-

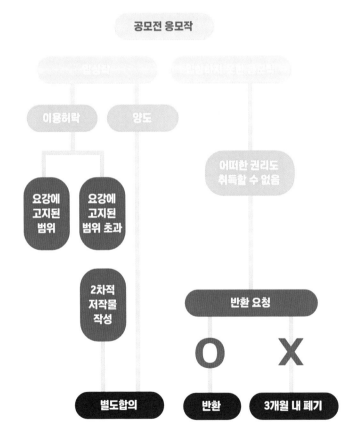

check! '창작물 공모전 지침'에 대한 보다 자세한 내용은 문화체육관광부 또는 한국저작권위원회 홈페이지에서 확인 가능합니다.

따라서 공모전 주최자는 공모전 요강에 고지한 내용만으로 응모작의 권리를 가질 수 없으며, 특히 입상하지 않은 응모작에 대해서는 어떠한 권리도 취득할 수 없습니다.

만약 공모전 주최자가 입상작을 이용하고자 한다면 권리를 양도 받거나 이용허락을 받는 것이 원칙이고, 그에 상응하는 대가를 입상자에게 지급해야 합니다.

check! 입상작의 이용범위가 구체적으로 정해져 있고 공모전의 홍보나 입상작 전시와 같이 일반적인 거래 관행 등에 비추어 적정한 경우라면 이용 대가를 지급하지 않더라도 허용될 수 있습니다. (2014. 8. 7. 공정거래위원회 보도자료 참고)

check! 응모자는 공모전에서 안내하는 내용을 사전에 명확히 파악하는 것이 중요하고, 계약 체결 여부(이용 허락, 양도)의 최종적인 결정은 계약 당사자의 책임 하에 이루어진다는 사실을 유의해야 합니다.

Q23

순수예술과 상업의 사이에서 저작권 개념이 다른 것인가요?

A.

차이가 없습니다.

저작물이란 '인간의 사상과 감정을 표현한 창작물'로서 저작권은 이러한 저작물을 창작한 순간부터 발생하게 됩니다.

저작권법 제2조(정의)

1. "저작물"은 **인간의 사상 또는 감정을 표현한 창작물**을 말한다.

저작권법 제10조(저작권)

②**저작권은 저작물을 창작한 때부터 발생하며 어떠한 절차나 형식의 이행을 필요로 하지 아니한다.**

또한 저작권이 발생하는 데에는 어떠한 절차나 형식뿐만 아니라 목적 등이 요구되지 않기 때문에 순수 예술의 목적이냐 상업적 목적이냐는 저작권의 발생에 영향을 미치지 않습니다.

그리고 예술의 목적이 저작권의 발생에 영향을 미치지 않는다는 것은 저작권 침해에 대해서도 똑같이 보호된다는 것을 의미합니다.

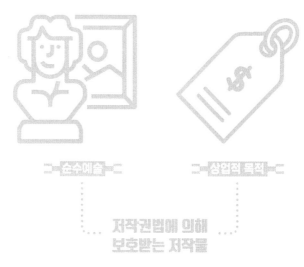

저작권법에 의해 보호받는 저작물(출처:www.flaticon.com)

check! 예를 들어, 상업적인 목적으로 만들어진 아이돌 가수의 음악이든 개인이 취미로 만든 음악이든 모두 저작권법에 의해 보호받는 저작물에 해당합니다.

Q24

사회복지관에서 시민을 위한 무료 전시를 계획하고 있습니다. 이 경우에도 저작권자의 허락이 필요한가요? 대여한 작품을 이용하는 것도 가능할까요?

A.

저작권자나 전시할 작품의 소유자로부터 이용허락을 받아야 합니다.

예술 작품과 같은 저작물을 전시하는 것은 저작권법상의 '전시권'에 해당하기 때문에 원칙적으로는 해당 작품을 창작한 저작자(저작권자)에게 전시할 권리가 있습니다.

저작권법 제19조(전시권)

저작자는 미술저작물 등의 원본이나 그 복제물을 전시할 권리를 가진다.

따라서 원칙적으로는 타인의 저작물을 가지고 전시를 열 계획이라면 저작권법 제46조에 규정된 것처럼 저작자(저작권자)로부터 이용허락을 받아야 합니다.

저작권법 제46조(저작물의 이용허락)

①저작재산권자는 다른 사람에게 그 저작물의 이용을 허락할 수 있다.

②제1항의 규정에 따라 허락을 받은 자는 허락받은 이용 방법 및 조건의 범위 안에서 그 저작물을 이용할 수 있다.

③제1항의 규정에 따른 허락에 의하여 저작물을 이용할 수 있는 권리는 저작재산권자의 동의 없이 제3자에게 이를 양도할 수 없다.

여기서 소유권과 저작권에 대해 한 가지 알아두어야 할 사항은 예술 작품이 다른 사람에게 판매될 경우 해당 작품의 구매자는 소유권을 주장할 수는 있지만 저작권을 주장할 수는 없다는 것입니다.

소유권 ≠ 저작권

다시 말해, 작품을 판매하는 것이 저작권의 양도를 의미하는 것은 아니기 때문에 비록 다른 사람이 작품의 소유권을 갖게 되더라도 저작권은 창작자에게 여전히 남아있게 되는 것입니다.

> 저작권법 제35조(미술저작물 등의 전시 또는 복제)
>
> **①미술저작물 등의 원본의 소유자나 그의 동의를 얻은 자는 그 저작물을 원본에 의하여 전시할 수 있다.** 다만, 가로·공원·건축물의 외벽 그 밖에 공중에게 개방된 장소에 항시 전시하는 경우에는 그러하지 아니하다.

다만, 이러한 경우 소유권자의 권리가 지나치게 제한될 수도 있다는 점에서 저작권법 제35조는 원본의 소유자나 소유자로부터 동의를 얻은 경우에는 전시가 가능하도록 예외규정을 두고 있습니다.이처럼 타인의 저작물을 이용한다면 허락을 얻는 것이 원칙이나, 저작권법 제35조에 따라 사회복지관이 저작물의 원본을 소유하였거나 원본의 소유자로부터 동의를 얻었다면 실내에서 전시하는 것은 가능합니다.

check! 저작권법 제35조는 소유자의 권리로서 원본의 전시를 보장하고 있는 반면, 가로·공원·건축물의 외벽과 같이 개방된 장소에 전시하는 것은 저작권자의 권리를지나치게 침해하는 것으로 보기 때문에 사회복지관의 실내에서 전시가 이루어져야 하는 것입니다.

Q24-1

무료 전시가 아닐 경우에는 다른가요?

A.

다르지 않습니다.

무료 전시인지 유료 전시인지와는 상관없이 원본의 소유자일 경우 혹은 원본의 소유자로부터 이용허락을 받아야 한다는 점은 동일합니다. 참고로 전시에 대한 이용허락(계약) 과정에서 이용료를 지불해야 할 수 있습니다.

check! 전시에 따른 이용료를 지불하는 것은 전시의 유·무료 여부가 아닌 계약에 따라 달라지는 부분입니다.

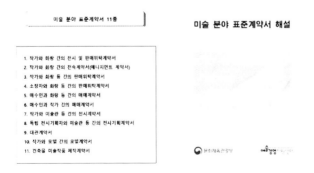

미술 분야 표준계약서 (출처:문화체육관광부)

check! 저작자(저작권자) 혹은 원본의 소유자의 계약을 통해 전시를 하게 될 경우 문화체육관광부에서 제공하는 표준계약서와 표준계약서 해설집을 참고할 수 있습니다.

Q25

스마트폰을 통해 다운로드한 이미지를 친구에게 보내고 싶은데, 이것도 저작권 침해가 되나요?

A.

사적복제로서 허용될 수 있습니다.

저작권법 제30조는 "공표된 저작물을 영리를 목적으로 하지 아니하고 개인적으로 이용하거나 가정 및 이에 준하는 한정된 범위 안에서 이용하는 경우에는 그 이용자는 이를 복제할 수 있다"고 규정하고 있습니다. 따라서 다운로드 한 이미지를 친구에게 공유하는 것은 이른바 사적복제로서 허용될 수는 있으나, ①공표된 저작물을 ②비영리 목적으로 ③한정된 범위에서 이용하는 것이어야 합니다.

check! 여기서 한정된 범위란 강한 인적 결합관계가 있는 소수의 인원에 한정되는 것을 의미합니다.

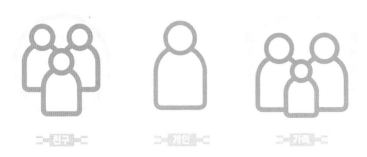

만약 여러 인원의 참여가 가능한 메신저를 통해 공유가 이루어진다거나 소수 인원에 불과하더라도 대가를 받고 공유해주는 경우라면 사적복제로 볼 수 없습니다.

check! 사적복제에 관한 보다 자세한 내용은 [Q&A 11] 참고

또한 사적복제에 해당한다고 해서 친구로부터 제공받은 이미지를 자유롭게 이용할 수 있는 것은 아닙니다.

check! 저작물의 1차적인 복제와 공유행위가 사적복제로서 허용되는 것이지 제공받은 이미지의 2차적인 이 용이 허용되는 것은 아니기 때문에, 제공받은 이미지를 함부로 이용할 경우 저작권 침해가 성립할 수 있습니다.

Q26

기존의 시험문제에 포함되어 있는 디자인을 제가 다시 발간한다면 저작권 침해가 되나요?

A.

저작권 침해가 성립할 수 있습니다.

시험 문제 역시 인간의 사상과 감정을 표현한 창작물로서 저작권의 보호대상이기 때문에 함부로 이용한다면 저작권 침해가 성립하게 됩니다. 시험 문제에 대한 저작권은 시험 문제를 출제한 출제위원이 창작자로서 권리를 다 갖는 경우도 있지만, 시험 문제에 여러 개의 저작물이 포함되어 각각의 저작권이 존재하는 경우도 있습니다.

check! 예를 들어, 시험 문제에 포함된 사진과 그림의 저작권자가 각각 따로 있고 전체 시험 문제에 대한 저작권 역시 별도로 존재하는 경우가 이에 해당합니다.

따라서 시험 문제에 포함된 디자인 역시 저작권이 만료되었거나 비보호저작물에 해당하는 것이 아니라면 발간을 위한 이용허락을 반드시 구해야 합니다.

check! 저작자 사후 70년이 지난 만료저작물, 저작권법 제7조에 규정된 비보호저작물에 해당한다면 자유롭게 이용이 가능합니다.

9. (가) 인물에 대한 설명으로 옳은 것은? [3점]

○○○○박물관

| 소장품명 ▼ | 무이구곡도 | 검색 |

■ 설명

   그림은 중국 무이산의 무이구곡을 그린 조선 시대 산수화이다. 남송 시기에 성리학을 집대성한 (가) 은/는 이곳에 무이정사를 짓고, 저술 및 강학 활동을 하였다. 이로 인해 무이구곡은 조선 시대 성리학자들에게 학문의 본산이자 이상향으로 인식되었다.

① 격몽요결을 집필하였다.
② 사서집주를 편찬하였다.
③ 백운동 서원을 건립하였다.
④ 사서오경왜훈을 저술하였다.
⑤ 치양지와 심즉리를 강조하였다.

2020학년도 대학수학능력시험 사회탐구영역 동아시아사 9번 문제
(출처:www.suneung.re.kr)

중국 무이산의 무이구곡 (출처:국립중앙박물관)

저작권법 제7조(보호받지 못하는 저작물) 다음 각 호의 어느 하나에 해당하는 것은 이 법에 의한 보호를 받지 못한다.

1. 헌법·법률·조약·명령·조례 및 규칙
2. 국가 또는 지방자치단체의 고시·공고·훈령 그 밖에 이와 유사한 것
3. 법원의 판결·결정·명령 및 심판이나 행정심판절차 그 밖에 이와 유사한 절차에 의한 의결·결정 등
4. 국가 또는 지방자치단체가 작성한 것으로서 제1호 내지 제3호에 규정된 것의 편집물 또는 번역물
5. 사실의 전달에 불과한 시사보도

　또한 시험문제 전체 또는 시험 문제에 포함된 디자인의 저작권자가 본인이라면 자신의 저작물을 이용하는 것이기 때문에 저작권 침해가 문제될 여지는 없습니다. 참고로 시험 문제 출제를 위해 다른 저작물을 이용하는 과정에서도 원칙적으로는 각각의 저작물에 대해 이용허락을 받아야 하지만, 저작권법 제32조는 예외규정을 두고 있습니다.

저작권법 제32조(시험문제를 위한 복제 등)
학교의 입학시험이나 그 밖에 학식 및 기능에 관한 시험 또는 검정을 위하여 필요한 경우에는 그 목적을 위하여 정당한 범위에서 공표된 저작물을 복제·배포 또는 공중송신할 수 있다. 다만, 영리를 목적으로 하는 경우에는 그러하지 아니하다.

Q27

학교 수업시간에 교육적 목적으로
다른 사람들의 디자인을 이용하려고 합니다.
이 경우에도 이용허락과 대가를 지불해야 하나요?

A.

별도의 이용허락 없이 이용이 가능합니다.

저작권법 제25조는 공익성이 큰 학교 교육이라는 목적 하에서는 별도의 이용허락 없이도 타인의 저작물을 이용할 수 있도록 규정하고 있습니다.

저작권법 제25조(학교교육 목적 등에의 이용)

③다음 각 호의 어느 하나에 해당하는 학교 또는 교육기관이 수업 목적으로 이용하는 경우에는 공표된 저작물의 일부분을 복제·배포·공연·전시 또는 공중송신할 수 있다. 다만, 공표된 저작물의 성질이나 그 이용의 목적 및 형태 등에 비추어 해당 저작물의 전부를 복제 등을 하는 것이 부득이한 경우에는 전부 복제 등을 할 수 있다.

1. 특별법에 따라 설립된 학교
2. 「유아교육법」, 「초·중등교육법」 또는 「고등교육법」에 따른 학교
3. 국가나 지방자치단체가 운영하는 교육기관

다만, 저작권 제25조 제6항은 학교교육 목적 등의 이용이라고 하더라도 일정한 경우에는 보상금을 지급하도록 규정하고 있습니다. (초·중·고등학교 제외)

> 저작권법 제25조(학교교육 목적 등에의 이용)
>
> ⑥제1항부터 제4항까지의 규정에 따라 **공표된 저작물을 이용하려는 자는 문화체육관광부장관이 정하여 고시하는 기준에 따른 보상금을 해당 저작재산권자에게 지급하여야 한다.** 다만, 고등학교 및 이에 준하는 학교 이하의 학교에서 복제 등을 하는 경우에는 보상금을 지급하지 아니한다.

따라서 대학 내에서 다른 사람의 저작물을 이용하는 경우 별도의 이용허락은 필요하지 않지만, 저작물 이용에 따른 보상금은 지급해야 합니다.

check! 저작물에 모든 이용에 있어 이용허락을 요구하게 되면, 이용자체가 어려워져 문화산업 발전을 저해할 수 있기 때문에 저작권법은 일정한 경우에 한해 이용허락 없이도 저작물을 이용할 수 있도록 하고 대신 저작권자에게는 그에 따른 보상금을 지급하도록 하는 저작권 보상금 제도를 운영하고 있는 것입니다.

그리고 현재 보상금은 교수자가 소속된 대학이 보상금수령단체(한국문학예술저작권협회)에 지급하는 형태로 이루어지고 있습니다.

check! 문화체육관광부장관의 승인을 받은 보상금수령단체는 보상금 관련 업무규정에 따라 이용자가 납입하는 보상금을 수령하고 저작권자에게 보상금을 분배하는 업무를 담당합니다.

수업목적상 필요한 저작물의 이용이라 하더라도 저작권자의 경제적 이익을 부당하게 침해하지 않는 범위 내에서 이루어져야 합니다. 따라서 다음과 같은 경우에는 수업목적상 허용되는 저작물의 이용이라고 볼 수 없습니다.

check!

■ 시중에서 판매되고 있는 저작물의 일부를 복제하여 판매되는 형태와 유사하게
　제작·제공하는 경우

■ 매 학기마다 같은 자료를 반복적으로 복제하여 학생에게 제공하는 경우

■ 저작물의 일부분을 순차적으로 복제함에 따라 누적된 복제물이 저작물 전체
　복제와 다를 바 없는 경우

■ 수업을 담당하는 교수자와 학생 1인당 1부를 초과하는 수준의 복제인 경우

■ 판매되는 저작물을 이동식 저장매체에 저장하여 배포하거나 전송 등의 방법으로
　학생들에게 제공하는 경우 등

check!　저작물의 수업목적 이용과 관련한 보다 자세한 내용은 한국문학예술저작권협회 사이트(www.kolaa.kr)를 참고바랍니다.

Q28

수업시간에 교수님의 강의자료를 사진으로 찍어 스캔하는 것은 괜찮을까요?

A.

저작권법 제30조에 따른 사적복제로서 허용될 수 있습니다.

스마트폰이 대중화되어 있는 요즘 학생들이 강의 자료를 촬영하는 모습을 쉽게 볼 수 있는데, 강의 자료 역시 교수자의 사상과 감정이 표현된 창작물이기 때문에 저작권 법에 의해 보호받는 다는 사실을 알아야 합니다. 다만, 강의 자료를 사진으로 찍어 스 캔하는 것은 저작권법 제30조에 규정된 사적복제로 해당하는 것으로 볼 수 있기 때문 에 허용될 수 있습니다. 따라서 개인적으로 소장하여 복습하는 정도에 그친다면 문제 가 되지 않지만, 강의 자료를 불특정 다수의 학생들이 볼 수 있도록 업로드하거나 판매 하는 등의 행위는 저작권 침해에 해당하게 됩니다.

> check! 사적복제에 관한 자세한 내용은 [Q&A 11] 참고

> check! 원활한 수업 진행과 교수자에 대한 예의로서 사진촬영 및 스캔에 대한 사전 동의를 구하는 것도 좋은 방법이 될 수 있습니다.

Q28-1

해당 자료를 모아서 개인적으로 판매하고 싶은데 가능할까요?

A.

저작권자의 이용허락을 받아야 합니다.

교육이라는 목적 하에 학생들에게 제공되는 수많은 자료들은 엄연히 각각의 저작권이 존재하는 자료들입니다.

앞서 설명한 것처럼 강의 자료 역시 저작권법에 의해 보호받는 저작물이기 때문에 함부로 판매할 경우 저작권 침해에 해당하게 됩니다. 따라서 본인이 만든 강의 자료를 판매하는 것이 아니라면 저작자(저작권자)인 교수자로부터 판매에 대한 이용허락을 반드시 구해야 합니다.

Q29

디자인의 방법 (예:웹 이용 또는 수기) 에 따라 침해 여부가 달라질 수 있나요?

A.

달라지지 않습니다.

디자인이 외관상 다르게 보이는 것이 아닌 한 방법에 따라 침해여부가 달리지지는 않습니다. 즉, 창작의 방법이 아니라 '저작물의 유사성'에 따라 저작권 침해 여부가 달라지는 것입니다.

> check! 일반적으로 저작권 침해 여부에 대한 판단은 '실질적 유사성'과 함께 '의거성'을 가지고 판단하며, 보다 자세한 내용은 [Q&A 3-1]을 참고 바랍니다.

예를 들어, 음악의 경우 어떤 악기를 이용하였느냐, 그림의 경우 어떤 도구를 이용하였느냐가 아니라 만들어진 음악과 그림이 '유사'하다면 저작권 침해에 해당할 수 있는 것입니다.

Q30

같은 색상을 사용해도 표절이 되나요? 그렇다면 유명한 디자인의 컬러를 참고하는 것도 위반행위인지 궁금합니다.

A.

단순히 컬러의 유사성만으로는 문제가 되지 않습니다.

색(Color)은 독점적인 것이 아니기 때문에 누구나 자유롭게 선택해서 사용할 수 있습니다. 따라서 같은 색이 사용되었다고 해서 무조건 표절이라고 보아서는 안 됩니다. 다만, 우리가 사용할 수 있는 색의 수는 한정적이라고 볼 수 있기 때문에 색과 색의 조합이 독창적인 경우라거나 특정 형태와 결합된 색의 배치 등에 창작성이 인정되는 경우라면 유사성이 문제될 수도 있습니다. 예를 들어, 2020년 예정되어 있던 도쿄올림픽의 공식 로고가 발표되고 표절 시비가 제기된 바 있는데, 당시 도쿄올림픽의 로고가 벨기에 리에주 극장의 로고와 스페인의 한 디자인 설계사무소가 발표한 로고와 유사하다는 것이었습니다.

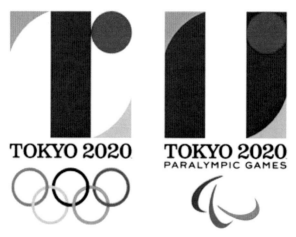

문제가 되었던 도쿄올림픽 로고 (출처:이투데이)

벨기에 리에주 극장 로고(좌)와 Rebuild Japan(우) (출처:이투데이, Hey Studio)

결국 원래의 도쿄올림픽 로고는 새로운 로고로 대체되었는데, 여기서 알 수 있듯이 문제가 된 것은 단순히 사용된 '색의 유사성'만이 아니라 '색의 조합'과 '색이 표현된 모양'에 있다는 것입니다.

Q30-1

컬러칩을 뽑아 사용하는 경우도 저작권침해에 해당하나요?

A.

단순히 컬러의 유사성만으로는 문제가 되지 않습니다.

앞서 설명한 것처럼 색(Color)은 독점적인 것이 아니기 때문에 누구나 자유롭게 선택해서 사용할 수 있고, 마음에 드는 디자인의 컬러칩을 뽑는 것 역시 문제가 되지는 않습니다.

check! 컬러칩을 뽑는 것 자체는 사용된 색을 참고 혹은 파악하는 것에 불과하고 해당 색은 독점적인 것이 아니기 때문에 누구나 사용할 수 있는 것입니다.

다만 사용된 색만이 아니라 색의 배치나 조합, 사용된 모양 등이 컬러칩을 뽑은 원디자인과 유사한 정도라면 저작권 침해가 문제될 수 있는 것입니다.

check! 여기서 컬러칩을 뽑는 것은 저작권 침해 판단에서 고려되는 '의거행위'에 해당한다고 볼 수 있기 때문에 디자인의 '실질적 유사성'이 인정된다면 저작권 침해에 해당할 수 있습니다.

check! 저작권 침해 판단에 대한 자세한 내용은 [Q&A 3-1] 참고

Q31

폰트는 저작물인가요? 아니면 디자인인가요?

A.

저작권법상의 저작물로도 디자인보호법상의 디자인으로도 인정될 수 있습니다.

일반적으로 우리가 생각하는 폰트라는 것은 저작권법상에서는 '컴퓨터프로그램'으로, 디자인보호법상에서는 '글자체 디자인'으로 보호받을 수가 있습니다. 저작권법상의 컴퓨터프로그램이란 컴퓨터 등에서 사용할 수 있는 서체파일의 소스코드를 의미합니다. 다시 말해, 글자체가 아닌 폰트 파일이 저작물로서 보호된다는 것입니다.

저작권법 제2조(정의)

16. "컴퓨터프로그램저작물"은 특정한 결과를 얻기 위하여 컴퓨터 등 정보처리능력을 가진 장치 내에서 직접 또는 간접으로 사용되는 일련의 지시·명령으로 표현된 창작물을 말한다.

check! '○○체', '□□체'와 같은 고유한 명칭이 붙은 폰트가 바로 이러한 저작물로서의 폰트를 말합니다.

check! 윈도우 'fonts' 폴더에 있는 "○○○.ttf"가 바로 폰트 파일

저작권법은 글자체 자체를 저작물로서 보호하는 것이 아니기 때문에 폰트 파일을 무단으로 복제했다면 저작권 침해에 해당하지만 글자체를 따라 썼다면 저작권 침해에는 해당하지 않게 됩니다.

> "서체 도안들은 우리 민족의 문화유산으로서 누구나 자유롭게 사용하여야 할 문자인 한글 자모의 모양을 기본으로 삼아 인쇄기술에 의해 사상이나 정보 등을 전달한다는 실용적인 기능을 주된 목적으로 하여 만들어진 것임이 분명하여, 우리 저작권법의 해석상으로는 그와 같은 서체도안은 신청서 및 제출원 물품 자체에 의한 심사만으로 저작권법에 의한 보호 대상인 저작물에 해당하지 아니함이 명백하다."
>
> (대법원 1996. 8. 23. 선고 94누5632판결)

캘리그래피(Calligraphy) 혹은 글자 구성을 포함한 디자인 같은 경우에는 다른 저작물로 인정될 수 있습니다. 저작권법이 저작물의 예시로서 '회화·서예·조각·판화·공예·응용미술저작물 그 밖의 미술저작물'을 명시하고 있다는 점에서 창작성이 인정된다면, 응용미술저작물 또는 미술저작물로서 보호될 수 있는 것입니다.

check! 다만, 이 경우에도 글자체를 보호하는 것이 아니라 글자를 활용한 작품 전체를 하나의 저작물로 인정하는 것이라 보아야 합니다.

다음으로 디자인보호법상의 글자체 디자인에 해당하려면, '공통적인 특징을 가진 형태로 만들어진 한 벌의 글자꼴'이어야 합니다.

디자인보호법 제2조(정의)

2. "글자체"란 기록이나 표시 또는 인쇄 등에 사용하기 위하여 공통적인 특징을 가진 형태로 만들어진 한 벌의 글자꼴(숫자, 문장부호 및 기호 등의 형태를 포함한다)을 말한다.

이 때 단순히 자음·모음·기호·숫자를 조합하여 몇 개의 글자를 만들어내는 것만으로는 디자인 등록을 받을 수 없고, 특허청이 요구하는 지정글자 수를 충족하여야 합니다.

check! 일반적인 캘리그라피가 상품의 외관에 포함된 상태에서 디자인으로서는 등록이 될 수 있지만 디자인 보호법상의 글자체 디자인에 해당하기는 어렵습니다.

상품의 외관에 포함된 캘리그라피 - 등록 O
(출처 : 키프리스)

일반 캘리그라피 - 글자체 디자인 X, 등록 X
(출처 : 키프리스)

디자인보호법상의 글자체 디자인 역시 마찬가지로 등록을 해야만 디자인권이 발생하고 보호기간도 동일합니다.

글자체 디자인 (출처 : 키프리스)

check! 디자인보호법은 물품의 외관디자인을 보호하기 때문에 '물품성'을 요건으로 하고 있으나 글자체 디자인은 예외

다만, 디자인보호법 역시 제94조 제2항에서, "타자, 조판 또는 인쇄 등의 통상적인 과정에서 글자체를 사용하는 경우"를 글자체 디자인권의 효력이 미치지 아니하는 경우로 규정하였기 때문에 저작권법 상의 보호와 균형을 맞춰 '폰트 프로그램'의 형태로 사용하지 않는 이상 디자인권의 침해를 주장하기 어려운 것으로 해석됩니다.

Q31-1

내가 쓴 캘리그라피, 내 글씨체인데 남의 폰트를 따라했다고요?

A.

등록된 글자체 디자인과 유사한지 살펴보아야 합니다.

앞서 설명한 것처럼 저작권법은 글자체 자체는 보호하지 않지만 캘리그라피나 글자를 활용한 디자인 등이 하나의 미술저작물 또는 응용미술저작물로서 보호받을 수는 있습니다. 따라서 나의 캘리그라피가 다른 사람의 캘리그라피나 미술저작물과 유사하다면 저작권 침해 분쟁이 벌어질 수 있는 것입니다.

다만, 저작권 침해 판단은 '의거성'과 '실질적 유사성'이라는 두 개의 기준을 적용하기 때문에 만약 순수 본인의 글씨체에 따라 창작한 것이라면 의거관계가 인정되지 않기 때문에 저작권 침해가 인정될 여지는 크지 않을 것입니다. 그리고 컴퓨터프로그램으로 보호받는 폰트 파일은 그 파일 자체를 무단 복제하거나 배포하는 경우 등에 저작권 침해가 성립되는 것이기 때문에 캘리그라피에 사용된 글자체가 유사하다고 해서 저작권 침해가 성립되지는 않습니다.

> check! 저작권 침해 판단에 대한 자세한 내용은 [Q&A 3-1] 참고

침해를 주장하는 폰트가 디자인보호법상의 등록된 글자체 디자인에 해당할 경우에도 디자인보호법상 글자체는 한 벌 글자체로서의 사용을 전제로 한 것이기 때문에, 손으로 직접 작성한 몇 글자가 등록 디자인권 침해에 해당된다고 보기 어렵습니다.

check! 디자인보호법상 한 벌 글자체 전체를 그대로 쓰는 경우라도 타자, 조판 또는 인쇄 형태로 사용하는 경우 글자체 디자인권의 효력이 미치지 아니하는 경우로 규정한 것에 미루어, 특허청은 한 벌 글자체를 '폰트 프로그램' 형태로 사용하는 것만 보호할 수 있다고 해석하고 있습니다.

check! ·

▶ 폰트 파일의 글자체와 유사할 경우

→ 문제 없음

▶ 다른 캘리그라피나 디자인과 유사할 경우

→ 저작권 침해 가능

▶ 등록된 글자체 디자인과 유사할 경우

→ 문제 없음

· ·

발행처   서경대학교 부설 디자인연구소

감 수   김기훈 특허법인(유한) 해담 대표변리사

디자인 전공생이 궁금해하는
지식재산 Q&A

초판 1쇄 발행 2021년 6월 29일

지은이_ 서경대학교 부설 디자인연구소

펴낸이_ 김동명

펴낸곳_ 지식의 가치를 창조하는 도서출판 **창조와 지식** www.mybookmake.com

디자인_ 송 빈

인쇄처_ (주)북모아

출판등록번호_제2018-000027호

주소_ 서울특별시 강북구 덕릉로 144

전화_ 1644-1814

팩스_ 02-2275-8577

ISBN   979-11-6003-330-4   [정가 25,000원]